Diederichs Gelbe Reihe

Dalai Lama

Freiheit für Tibet

Botschaft für Menschlichkeit und Toleranz

Aus dem Englischen von Elisabeth Liebl

Diederichs Gelbe Reihe

Bibliografische Information der Deutschen Bibliothek

Die Deutsche Bibliothek verzeichnet diese Publikation
in der Deutschen Nationalbibliografie; detaillierte bibliografische
Daten sind im Internet unter http://dnb.ddb.de abrufbar.

Die Texte »Botschaft an alle Tibeter« und »Botschaft zum
49. Jahrestag des friedlichen Tibetaufstandes« wurden
übersetzt von Tibet Bureau, Genf.

Umschlaggestaltung: Weiss/Zembsch/Partner: Werkstatt/München
unter Verwendung von Motiven von Corbis und picture-alliance/dpa
Satz: EDV-Fotosatz Huber, Verlagsservice G. Pfeifer, Germering
Druck und Bindung: GGP Media GmbH, Pößneck
Printed in Germany 2008

ISBN 978-3-7205-3079-8

INHALT

Botschaft an alle Tibeter

Ich entbiete allen Tibetern in Tibet meine herzlichsten Grüße und möchte hier einige meiner Überlegungen mit ihnen teilen:

1. Seit dem 10. März dieses Jahres sind wir Zeuge von Protesten und Demonstrationen in fast allen Teilen Tibets geworden. Sogar in einigen Städten Chinas protestierten Studenten – all das ist der Ausbruch der seit langem angestauten äußeren und inneren Qualen der Tibeter und ihres Gefühls tiefer Verbitterung aufgrund der Unterdrückung der Rechte des tibetischen Volks, dem Mangel an religiöser Freiheit und des Versuchs, die Wahrheit bei jeder nur möglichen Gelegenheit zu entstellen. Dazu gehört zum Beispiel die Aussage, die Tibeter blickten auf die Kommunistische Partei Chinas wie auf einen »Lebenden Buddha«. Dies ist eine ultralinke Behauptung, die von Han-Chauvinismus zeugt. Ich bin tief betrübt und besorgt über den Einsatz von Waffen und Gewalt bei der Unterdrückung der friedlich vorgebrachten Sehnsüchte des tibetischen Volkes,

die Unruhen in ganz Tibet zur Folge hatten mit zahlreichen Toten, vielen weiteren Opfern, Festnahmen und Verletzungen. Eine solche Unterdrückung und solches Leid sind so verhängnisvoll und tragisch, dass es jeden mitfühlenden Menschen zu Tränen rührt. Angesichts dieser tragischen Ereignisse fühle ich mich gänzlich hilflos.

2. Ich bete für alle Tibeter und auch für alle Chinesen, die in der jetzigen Krisenzeit ihr Leben verloren haben.

3. Die jüngsten Proteste in ganz Tibet widerlegen nicht nur die Propaganda der Volksrepublik China, dass, abgesehen von einigen wenigen »Reaktionären« die Mehrheit der Tibeter zufrieden sei und ein Leben in Wohlstand führe, sondern führt sie ad absurdum. Diese Proteste haben ganz klar gezeigt, dass die Tibeter in den drei Provinzen Tibets, U-Tsang, Kham und Amdo, dieselben Hoffnungen und Sehnsüchte hegen. Diese Proteste sind eine Botschaft an die Welt, dass das Tibet-Problem nicht länger vernachlässigt werden darf. Diese Proteste zeigen, wie dringend notwendig es ist, das Problem auf dem Wege der »Wahrheitsfindung durch Fakten« zu lösen. Der Mut und die Entschlossenheit jener Tibeter, die um der höheren Interessen des tibetischen Volkes willen ihrem bitteren Schmerz und ihrer Hoffnung Ausdruck verliehen und dabei alles aufs Spiel setzten, verdienen große Bewunderung, was die Weltgemeinschaft

auch anerkannte und die Beweggründe dieser Tibeter unterstützte.

4. Ich schätze ganz besonders das Verhalten von vielen tibetischen Regierungsangestellten und führenden Mitgliedern der Kommunistischen Partei, die, ohne ihre tibetische Identität aufzugeben, mit Entschlossenheit und Vernunft in der gegenwärtigen Krise das Richtige getan haben. Für die Zukunft bitte ich daher alle tibetischen Parteikader und Regierungsangestellten, nicht immer nur auf ihren persönlichen Vorteil zu achten, sondern sich für die Wahrung der eigentlichen Interessen Tibets einzusetzen. Sie sollten ihren Vorgesetzten in der Partei die tatsächlichen Gefühle des tibetischen Volkes vermitteln und versuchen, dem tibetischen Volk eine unvoreingenommene Führung zu geben.

5. Präsidenten, Ministerpräsidenten, Außenminister, Nobelpreisträger, Parlamentarier und besorgte Bürger aus allen Teilen der Welt wandten sich mit klaren und deutlichen Worten an die chinesische Führung, von ihrem gegenwärtigen harten Vorgehen gegen das tibetische Volk Abstand zu nehmen. Sie alle legten der chinesischen Regierung nahe, einen Weg einzuschlagen, auf dem eine für beide Seiten nutzbringende Lösung gefunden werden könnte. Wir sollten uns nun eine Möglichkeit dafür schaffen, dass ihre Bemühungen positive Ergebnisse hervorbringen können. Ich bin mir dessen bewusst, dass Ihr Euch in jeder Hinsicht herausge-

fordert fühlt, aber es ist wichtig, dass wir an unserer gewaltfreien Praxis festhalten.

6. Die chinesische Regierung hat falsche Anschuldigungen gegen mich und die Tibetische Zentralverwaltung erhoben: wir hätten die jüngsten Ereignisse in Tibet angestiftet und gelenkt. Derartige Vorwürfe entbehren jeglichen Wahrheitsgehaltes. Ich habe wiederholt vorgeschlagen, ein unabhängiges und renommiertes internationales Gremium solle eine vollständige Untersuchung der Angelegenheit vornehmen. Ich bin überzeugt, dass ein solches unabhängiges Gremium die Wahrheit aufdecken wird. Wenn die Volksrepublik China auch nur die geringste Grundlage für ihre Anschuldigungen hat und Beweise dafür beibringen kann, dann möge sie diese vor der Welt offen legen. Es reicht nicht, bloße Behauptungen aufzustellen.

7. Um der Zukunft Tibets willen habe ich beschlossen, eine Lösung innerhalb des Rahmens der Volksrepublik China zu finden. Seit 1974 setze ich mich unermüdlich für den beiderseits vorteilhaften Mittleren Weg ein. Das weiß die ganze Welt. Der Vorschlag des Mittleren Weges bedeutet, dass alle Tibeter einer gleichen Verwaltung unterstehen, die eine substantielle nationale regionale Autonomie genießt mit allem, was damit zusammenhängt, also mit Selbstverwaltung und voller Entscheidungsbefugnis, ausgenommen in Angelegenheiten der Außenpolitik und der nationalen Verteidigung. Ich

habe aber auch von Anfang an gesagt, dass die
Tibeter in Tibet das Recht haben, die endgültige
Entscheidung über die Zukunft Tibets zu treffen.

8. Die Austragung der Olympischen Spiele in diesem
Jahr ist etwas, worauf das 1,2 Milliarden zählende
chinesische Volk sehr stolz ist. Von Anfang an habe
ich mich für die Austragung der Spiele in Peking
eingesetzt. Meine Position in dieser Hinsicht bleibt
unverändert. Ich meine, dass die Tibeter die Spiele
nicht behindern sollten. Einerseits ist es das legitime Recht eines jeden Tibeters, für seine Freiheit
und seine Rechte zu kämpfen. Andererseits wäre es
zwecklos und würde niemandem nützen, wenn wir
etwas täten, was die Chinesen mit Hass erfüllte. Im
Gegenteil, wir müssen Vertrauen und Achtung in
unseren Herzen hegen, um eine harmonische
Gesellschaft zu schaffen – denn eine solche Gesellschaft kann nicht auf der Basis von Gewalt und
Einschüchterung erbaut werden.

9. Unser Kampf gilt nur einigen wenigen in der Füh-
rungsspitze der Volksrepublik China, aber nicht
dem chinesischen Volk. Daher sollten wir versuchen, niemals Missverständnisse entstehen zu lassen oder etwas zu tun, was das chinesische Volk ver-
letzen könnte. Selbst in dieser schwierigen Lage
haben uns viele chinesische Intellektuelle, Schrift-
steller und Rechtsanwälte in China selbst und in
anderen Teilen der Welt ihrer Sympathie versichert
und ihre Solidarität mit uns bekundet. Sie gaben

Erklärungen ab, verfassten Artikel und sicherten uns ihre Unterstützung zu. Das ist einfach überwältigend. Ich habe kürzlich, am 28. März, einen Appell an das chinesische Volk auf der ganzen Welt gerichtet, von dem ich hoffe, dass Ihr ihn hören und lesen werdet.

10. Wenn die gegenwärtige Lage in Tibet anhält, dann mache ich mir sehr große Sorgen, dass die chinesische Regierung mit noch mehr Gewalt vorgehen und die Unterdrückung des tibetischen Volkes verstärken wird. Angesichts meiner moralischen Verpflichtung und meiner Verantwortung gegenüber dem tibetischen Volk habe ich die zuständigen Führer der Volksrepublik China aufgefordert, ihre Unterdrückungspolitik in allen Teilen Tibets unverzüglich einzustellen und ihre bewaffneten Polizeieinheiten und Truppen abzuziehen. Wenn dies Gehör fände, würde ich die Tibeter bitten, von allen weiteren Protesten Abstand zu nehmen.

11. Ich möchte meine tibetischen Landsleute, die außerhalb Tibets in Freiheit leben, bitten, außerordentliche Umsicht walten zu lassen, wenn sie ihre Empfindungen über die Entwicklung in Tibet zum Ausdruck bringen. Wir sollten uns auf keine Aktivitäten einlassen, die auch nur entfernt als gewalttätig interpretiert werden könnten. Selbst in einer so provokanten Situation wie dieser dürfen wir nicht zulassen, dass unsere kostbarsten und sorgsam gehüteten Werte kompromittiert werden. Ich

bin fest davon überzeugt, dass unser gewaltfreier Weg zum Erfolg führen wird. Wir sollten uns bemühen zu verstehen, woher die beispiellose Sympathie und Unterstützung für unsere Sache rührt.

12. Da Tibet derzeit praktisch abgeriegelt ist und man internationalen Medien keinen Zugang gewährt, hege ich Zweifel, ob meine Botschaft die Tibeter in Tibet erreichen wird. Aber ich hoffe, dass sie durch die Medien und durch Mundpropaganda einen Großteil von Euch erreichen wird.

13. Zum Schluss möchte ich noch ein weiteres Mal alle Tibeter dazu aufrufen, Gewaltlosigkeit zu üben und auf keinen Fall von diesem Weg abzuweichen, wie ernst die Lage auch sein möge.

6. April 2008

Appell an die Weltöffentlichkeit

Ich möchte alle führenden Politiker auf der ganzen Welt, die Mitglieder der Parlamente und Nichtregierungsorganisationen und alle anderen Menschen, die ihre Besorgnis angesichts der jüngsten tragischen Ereignisse in Tibet Ausdruck verliehen haben, meiner Anerkennung und meines Dankes versichern. Zudem bin ich ihnen dankbar für ihre Bemühungen, die chinesische Führung zu einem gemäßigten Umgang mit den friedlich Protestierenden und zur Aufnahme eines konstruktiven Dialogs zur Lösung des Problems zu bewegen.

Ich denke, die jüngsten Demonstrationen und Proteste sind Ausdruck der tief verwurzelten Verbitterung des tibetischen Volkes – nicht nur in der so genannten Autonomen Region Tibet, sondern auch in außerhalb liegenden traditionell tibetischen Gebieten, die heute Teil der chinesischen Provinzen Qinghai, Gansu, Sichuan und Yunnan sind. Überall dort gibt es große tibetische Volksgruppen.

Zuverlässige Quellen berichten, dass die chinesische Führung in jenen traditionell tibetischen Gebieten große Truppenverbände zusammengezogen hat. Diese gehen nicht nur hart gegen die Protestierenden vor, sondern riegeln auch alle Gebiete ab, in denen es zu Protesten kam.

Daher bitte ich Sie, sich weiterhin dafür einzusetzen, dass die gewaltsame Niederschlagung der Proteste ein Ende findet, dass alle Verhafteten freigelassen werden und den Verletzten eine angemessene medizinische Versorgung zuteil wird. Ganz besonders besorgt sind wir über das Fehlen von Möglichkeiten zur medizinischen Behandlung, denn viele verletzte Tibeter wagen sich nicht in die chinesisch geführten Krankenhäuser und Kliniken.

Darüber hinaus möchte ich Sie bitten, für die Entsendung einer unabhängigen, internationalen Untersuchungskommission einzutreten, die den Unruhen und den ihnen zugrundeliegenden Ursachen nachgeht. Auch sollten Medien und internationale Hilfsorganisationen Zutritt zu den betroffenen Gebieten erhalten. Ihre Anwesenheit wird nicht nur dem tibetischen Volk ein Gefühl von Sicherheit geben, sondern auch einen mäßigenden Einfluss auf die chinesische Führung ausüben.

2. April 2008

Appell an das chinesische Volk

Ich möchte meinen chinesischen Brüdern und Schwestern überall auf der Welt, besonders aber jenen, die in der Volksrepublik China leben, meine herzlichsten Grüße übermitteln. Angesichts der jüngsten Entwicklungen in Tibet will ich Ihnen meine Gedanken in Bezug auf die Beziehungen zwischen dem tibetischen und dem chinesischen Volk darlegen und an Sie alle einen persönlichen Aufruf richten.

Der Verlust so vieler Leben während der jüngsten tragischen Ereignisse in Tibet hat mich tieftraurig gestimmt. Ich bin mir darüber im Klaren, dass auch Chinesen getötet wurden. Ich fühle mit den Opfern und ihren Familien und schließe sie in meine Gebete ein. Der jüngste Aufstand hat den Ernst der Situation in Tibet ans Licht gebracht und damit die Tatsache, dass wir dringend einer friedlichen, für beide Seiten vorteilhaften Lösung durch den Dialog bedürfen. Auch nach diesen Ereignissen habe ich die chinesische Führung von meinem unveränderten Willen zur Zusammenarbeit unterrichtet, um Frieden und Stabilität wiederherzustellen.

Meine chinesischen Brüder und Schwestern, ich versichere Ihnen, dass ich keinesfalls eine Trennung Tibets von China anstrebe. Oder versuche, einen Keil zwischen das tibetische und das chinesische Volk zu treiben. Ganz im Gegenteil: Mein Interesse war seit jeher darauf gerichtet, die Tibetfrage so zu lösen, dass damit den langfristigen Interessen der Tibeter und der Chinesen gleichermaßen gedient ist. Wie ich immer und immer wieder unterstrichen habe, ist es mein Hauptanliegen, das Überleben der besonderen Kultur, Sprache und Identität des tibetischen Volkes zu gewährleisten. Als einfacher Mönch, der versucht, seinen Alltag nach den Regeln des Buddhismus zu gestalten, versichere ich Ihnen die vollkommene Lauterkeit meiner persönlichen Motive.

Ich habe einen Appell an die chinesische Führung gerichtet, um meine Position zu erläutern und um an der Lösung der drängenden Probleme, mitzuwirken. Ich fordere die chinesische Regierung auf, Einsicht walten zu lassen und in einen konstruktiven Dialog mit dem tibetischen Volk zu treten. Ich fordere sie ebenfalls auf, sich ernsthaft um die Stabilität und Harmonie innerhalb der Volksrepublik China zu bemühen und Spaltungen zwischen den Volksgruppen zu vermeiden. Die manipulierte Berichterstattung des chinesischen Staatsfernsehens anlässlich der jüngsten Unruhen ist dazu angetan, Spannungen rassistischer Natur mit unkalkulierbaren Langzeitfolgen hervorzurufen. Dies bereitet mir große Sorge. Darüber hinaus verkündet die chinesische Führung immer wieder, ich hätte versucht, die Olympischen Spiele in China zu verhindern, obwohl ich diese Idee immer unterstützt habe. Diese Propaganda hat das Ziel, einen Keil zwischen mich und das chinesische Volk zu treiben. Allerdings fühle ich mich durch die Aussagen einiger chinesischer Gelehrter ermutigt, die ebenfalls ihre Besorgnis über das Handeln der chinesischen Regierung und die möglichen Risiken für das Zusammenleben der verschiedenen Nationalitäten im Vielvölkerstaat China ausgedrückt haben.

Das chinesische und das tibetische Volk sind seit langer Zeit Nachbarn. In der wechselvollen zweitausendjährigen Geschichte der Beziehungen unserer Völker waren wir einander lange Zeit durch friedliche Bande, ja sogar durch Heirat, verbunden, während wir uns zu anderen Zeiten gegenseitig bekämpft haben. Da der Buddhismus jedoch zuerst in China seine Blüte erreichte, bevor er über Indien seinen Weg nach Tibet fand, haben wir Tibeter den Chinesen immer unseren Respekt und unsere Zuneigung als unseren älteren Dharmabrüdern und -schwestern zukommen lassen. Den Mitgliedern der chinesischen Exilgemeinde, von denen einige meine buddhistischen Belehrungen besuchten, sowie den Pilgern vom chinesischen Festland, die ich kennen lernen durfte, ist dies nur allzu bewusst. Diese Begegnungen machen mir Mut. Ich bin überzeugt, dass sie zu einem besseren Verständnis zwischen unseren Völkern beitragen.

Im 20. Jahrhundert hat die Welt sich vollkommen verändert. Auch Tibet wurde Teil dieser Veränderungen. Kurz nach Gründung der Volksrepublik China im Jahr 1949 marschierte die Volksbefreiungsarmee in Tibet ein, was schließlich zum 17-Punkte-Abkommen führte, das im Mai 1951 zwischen China und Tibet geschlossen wurde. Als ich von 1954 bis 1955 in Peking weilte und am Nationalen Volkskongress teilnahm, hatte ich die Gelegenheit, viele erfahrene politische Führer Chinas, darunter auch den Großen Vorsitzenden Mao kennen zu lernen, ja eine freundschaftliche Beziehung zu ihnen aufzubauen. Der Große Vorsitzende Mao beriet mich in vielen Fragen und gab mir im Hinblick auf die Zukunft Tibets persönliche Garantien. Ermutigt durch seine Versicherungen und inspiriert von der großen Hingabe vieler revolutionärer chinesischer Führer jener Zeit kehrte ich voller Vertrauen und Optimismus nach Tibet zurück. Einige tibetische Mitglieder der Kommunistischen Partei Chinas hegten ebenfalls große Hoffnungen. Zurück in Lhasa unternahm ich alles mir Mögliche, um Tibet unter Beibehaltung seiner regionalen Autonomie in die große Familie der Volksrepublik China einzugliedern. Ich war überzeugt, dass dies für die Interessen des tibetischen und chinesischen Volkes gleichermaßen von Nutzen wäre.

Unglücklicherweise führten Spannungen, die nach 1956 allmählich eskalierten, zum friedlichen Aufstand des tibetischen Volkes vom 10. März 1959 in Lhasa und zu meiner Flucht ins Exil. Zwar hatte die Volksrepublik

China in Tibet viele positive Entwicklungen eingeleitet, doch diese wurden – wie der letzte Panchen Lama im Januar 1989 ausführte – von unendlichem Leid und großflächiger Zerstörung überschattet. Man zwang die Tibeter, in einem Zustand andauernder Furcht zu leben, während die chinesische Führung sie gleichsam unter Generalverdacht stellte. Doch statt nun selbst in Feindseligkeit gegenüber der chinesischen Führung zu verfallen, die für die gnadenlose Unterdrückung des tibetischen Volkes verantwortlich war, betete ich, dass die Tibeter und Chinesen Freunde werden würden. 1960, also ein Jahr nachdem ich in Indien angekommen war, schrieb ich folgendes Gebet: »Mögen sie das Weisheitsauge erlangen, das Gutes von Schlechtem zu unterscheiden vermag. Mögen sie im Glanz von Freundschaft und Liebe leben.« Viele Tibeter, auch Schulkinder, rezitieren dieses Gebet Tag für Tag.

1974, nach ernsthaften Beratungen mit meinem Kashag (Kabinett), dessen Sprecher und dem Sprecher der damaligen Versammlung der Abgeordneten des tibetischen Volkes, beschlossen wir, einen Mittleren Weg zu beschreiten. Er sollte Tibet nicht von China trennen, aber die friedliche Entwicklung des Landes fördern. Obwohl wir damals keinen Kontakt zur Volksrepublik China hatten, die zu jener Zeit mitten in der Kulturrevolution stand, wussten wir, dass wir die Lösung der Tibetfrage früher oder später in Verhandlungen würden suchen müssen. Wir erkannten auch, dass – zumindest was die Modernisierung und wirtschaftliche

Entwicklung des Landes anging – Tibet davon profitieren würde, wenn es innerhalb der Volksrepublik China verbliebe. Obwohl Tibet ein reiches und historisch weit zurückreichendes kulturelles Erbe besitzt, ist das Land doch materiell unterentwickelt.

Tibet ist das Dach der Welt und somit Ursprung von einigen der größten Flüsse Asiens. Daher ist die Erhaltung des tibetischen Hochlandes von so außerordentlicher Bedeutung. Da es unser Bestreben ist, die tibetische buddhistische Kultur zu bewahren – die auf universellem Mitgefühl beruht – sowie die tibetische Sprache und die kulturelle Eigenart der Tibeter, haben wir uns mit aller Kraft für eine tibetische Selbstverwaltung eingesetzt, welche die Verfassung der Volksrepublik China für Völkergruppen wie die Tibeter vorsieht.

1979 versicherte der damalige höchste Führer Chinas, Deng Xiaoping, meinem persönlichen Emissär, dass wir »von der Unabhängigkeit Tibets einmal abgesehen über sämtliche Themen verhandeln« können. Da wir selbst bereits einen Plan ausgearbeitet hatten, wie Tibet innerhalb der Volksrepublik China seine kulturelle und religiöse Identität wahren könne, waren wir für diese neuen Möglichkeiten gut gerüstet. Meine Abgesandten trafen sich viele Male mit Bevollmächtigten der Volksrepublik China. Seit der Wiederaufnahme unserer Gespräche im Jahr 2002 gab es sechs Gesprächsrunden. Doch für grundlegende Fragen fand sich in diesen Gesprächen keine Lösung. Nichtsdestotrotz bin ich, wie bereits mehrfach erklärt, von der

Richtigkeit des Mittleren Weges überzeugt und möchte hier noch einmal meine grundsätzliche Bereitschaft zum Dialog betonen.

In diesem Jahr erwartet das chinesische Volk voller Stolz und Begeisterung die Eröffnung der Olympischen Spiele. Ich habe von Anfang an die Idee unterstützt, dass China die Möglichkeit erhalten solle, Gastgeber der Olympischen Spiele zu sein. Bei dieser Meinung bleibe ich. China ist der bevölkerungsreichste Staat der Welt, ein Land mit einer langen Geschichte und einer außergewöhnlich vielfältigen Kultur. China ist aufgrund seiner enormen ökonomischen Fortschritte ein aufstrebendes Land. Dies begrüßen wir. Doch China muss sich den Respekt und die Achtung der internationalen Staatengemeinschaft verdienen, indem es eine offene und harmonische Gesellschaft schafft, die auf den Prinzipien der Transparenz, Freiheit und Rechtsstaatlichkeit ruht. So haben die Opfer der Tragödie am Tiananmen-Platz, welche das Leben so vieler chinesischen Bürger negativ beeinflusst hat, weder eine Entschädigung noch eine offizielle Stellungnahme erhalten. Wenn Tausende Chinesen in den ländlichen Gebieten von korrupten Beamten ausgebeutet werden, werden ihre rechtmäßigen Klagen entweder ignoriert oder mit Gewalt beantwortet. Wenn ich diese Fälle zur Sprache bringe, dann deshalb, weil ich mich als Mensch davon betroffen fühle, aber auch, weil ich ein Mitglied der großen Familie der Volksrepublik China bin. Daher schätze und respektiere ich Präsident Hu Jintaos Politik zur Schaffung einer »harmonischen Gesellschaft«. Diese kann aber nur auf der Grundlage gegenseitigen Vertrauens und in einer Atmosphäre der Freiheit entstehen, und dazu gehören auch die Freiheit der Rede und die Einhaltung rechtsstaatlicher Prinzipien. Ich bin fest davon überzeugt, dass viele Probleme im Zusammenhang mit ethnischen Minderheiten, wie sie in Tibet, Ostturkestan und der inneren Mongolei bestehen, eine Lösung finden, wenn diese Werte Anwendung finden. Denn in diesen Gebieten leben mittlerweile zwanzig Prozent aller Einwohner der Volksrepublik China.

Ich habe gehofft, Präsident Hu Jintaos Verlautbarung, nach der die Stabilität und Sicherheit Tibets eng mit der Stabilität und Sicherheit des ganzen Landes verknüpft sei, würde das Heraufdämmern einer neuen Ära in der Lösung der Tibetfrage ankündigen. Unglücklicherweise betrachtet mich die chinesische Führung trotz meiner ernsthaften Bemühungen, Tibet nicht von China loszulösen, nach wie vor als »Separatisten«. Als in Lhasa und in vielen anderen Gebieten spontane Proteste ausbrachen, mit denen die Tibeter ihre tief verwurzelte Enttäuschung ausdrückten, bezichtigte mich die chinesische Regierung sofort, Drahtzieher dieser Demonstrationen zu sein. Ich habe diesbezüglich um eine eingehende Untersuchung durch ein vertrauenswürdiges Komitee gebeten.

Meine chinesischen Brüder und Schwestern, wo immer Sie sich auch aufhalten mögen, ich appelliere an Sie, die Missverständnisse zwischen unseren Völkern ein für alle Mal ausräumen zu helfen, damit wir in einem von Verständnis und Einigungswillen geprägten Dialog eine friedliche und dauerhafte Lösung für die Tibetfrage finden.

Mögen meine Gebete mit Ihnen sein.

28. März 2008

Botschaft zum 49. Jahrestag des friedlichen Tibetaufstandes

Anlässlich des 49. Jahrestages des friedlichen Aufstandes des tibetischen Volkes in Lhasa am 10. März 1959 ehre ich und bete für die vielen mutigen Männer und Frauen Tibets, die unaussprechliche Härten erduldeten und ihr Leben für die Sache des tibetischen Volkes opferten, und bekunde meine Solidarität mit den Tibetern, die zurzeit Unterdrückung und Misshandlung erleben. Auch grüße ich alle Tibeter in und außerhalb Tibets, alle Unterstützer der tibetischen Sache und alle, die Gerechtigkeit schätzen.

Seit nahezu sechs Jahrzehnten leben Tibeter in ganz Tibet, bekannt als Cholkha-Sum (U-Tsang, Kham und Amdo) in ständiger Furcht, sie leiden unter Einschüchterung und Verdächtigungen im Zuge der chinesischen Unterdrückung. Trotzdem haben sie ihre religiöse Überzeugung, ein Bewusstsein ihrer Nation und Kultur, bewahrt. Nicht nur das: Das tibetische Volk war in der Lage, ein grundlegendes Streben nach Freiheit lebendig zu halten. Ich bin sehr erfreut und stolz auf sie.

Viele Regierungen, Nichtregierungsorganisationen (NGOs) und Einzelpersonen auf der ganzen Welt haben fortwährend die Sache Tibets unterstützt, weil sie ein Interesse an Frieden und Gerechtigkeit haben. Besonders im letzten Jahr gab es wichtige Gesten von Regierungen und Nationen, die klare Unterstützung für uns zum Ausdruck brachten. Ich möchte jedem Einzelnen meine Dankbarkeit ausdrücken.

Das Tibetproblem ist sehr kompliziert. Es hängt mit vielen Bereichen zusammen: Politik, Natur, Gesellschaft, Gesetzen, Menschenrechten, Religion, Kultur, der Identität eines Volkes, der Wirtschaft und der natürlichen Umwelt. Deshalb ist eine umfassende Herangehensweise notwendig, um dieses Problem zu lösen, die dem Nutzen aller beteiligten Parteien dient, nicht nur dem einer Partei allein. So waren wir standhaft in unserem Engagement einer für alle nützlichen Politik, dem Mittleren Weg, und wir haben ernsthafte und beharrliche Anstrengungen über viele Jahre unternommen, um dies zu erreichen.

Seit 2002 haben meine Repräsentanten sechs Gesprächsrunden mit den zuständigen offiziellen Vertretern der Volksrepublik China geführt, um die relevanten Punkte zu diskutieren. Diese ausgedehnten Diskussionen haben geholfen, einige ihrer Zweifel zu beseitigen, und es uns ermöglicht, unsere Erwartungen darzulegen. Hinsichtlich des grundlegenden Problems hat es jedoch überhaupt keine konkreten Ergebnisse gegeben. Und während der letzten Jahre hat Tibet wachsende

Repression und Brutalität erlebt. Trotz dieser unglücklichen Entwicklungen bleibt mein Standpunkt und meine Entschlossenheit unverändert, die Politik des Mittleren Weges weiterzuverfolgen und unseren Dialog mit der chinesischen Regierung fortzusetzen.

Ein großes Problem der Volksrepublik China ist das Fehlen der Legitimität in Tibet. Die chinesische Regierung kann ihre Position dadurch festigen, dass sie eine Politik macht, die das tibetische Volk zufrieden stellt und sein Vertrauen gewinnt. Wenn es uns gelingt, durch einen Weg gegenseitiger Anerkennung Aussöhnung zu erreichen, werde ich, wie ich bereits viele Male dargelegt habe, alles tun, um die Unterstützung des tibetischen Volkes zu gewinnen.

Die natürliche Umwelt in Tibet ist als Resultat vielfältiger Aktivitäten der chinesischen Regierung, die auf mangelnder Voraussicht beruhten, ernsthaft geschädigt. Darüber hinaus ist im Zuge der Zuwanderungspolitik die nicht-tibetische Bevölkerung mehrfach angewachsen, während sich der Anteil einheimischer Tibeter in ihrem eigenen Land auf eine unbedeutende Minderheit verringert hat. Außerdem verschwinden Sprache, Sitten und Traditionen Tibets, welche die wahre Natur und Identität des tibetischen Volkes widerspiegeln. Als Folge werden die Tibeter immer stärker in die größere chinesische Bevölkerung assimiliert.

In Tibet nimmt die Unterdrückung zu – mit unzähligen, unvorstellbaren und groben Menschenrechtsverletzungen, der Verweigerung religiöser Freiheit und der

Politisierung religiöser Angelegenheiten. Alles dies geschieht als Folge eines Mangels an Achtung der chinesischen Regierung vor dem tibetischen Volk. Dies sind große Hindernisse, welche die chinesische Regierung bewusst schafft, um ihre Politik der Vereinheitlichung der Nationalitäten voranzutreiben; ihre Politik diskriminiert zwischen den tibetischen und chinesischen Völkern. Daher dränge ich die chinesische Regierung, diese Politik sofort zu beenden.

Obwohl die Gebiete, die von der tibetischen Bevölkerung bewohnt werden, mit so verschiedenen Namen wie Autonome Region, Autonome Präfektur und Autonome Distrikte bezeichnet werden, sind sie nur dem Namen nach autonom; tatsächlich besitzen sie keine echte Autonomie. Statt dessen werden sie regiert von Menschen, die blind sind gegenüber der regionalen Situation und getrieben werden von dem, was Mao Zedong als Han-Chauvinismus bezeichnet hat. Diese sogenannte Autonomie hat den betroffenen Nationalitäten keinerlei greifbaren Nutzen gebracht. Unredliche Politik, die an der Realität vorbeigeht, führt zu großem Unrecht, nicht nur bei den entsprechenden Nationalitäten, sondern auch, was die Einheit und Stabilität der chinesischen Nation betrifft. Es ist wichtig für die chinesische Regierung, wie von Deng Xiaoping empfohlen, im wirklichen Sinn dieses Begriffes »die Wahrheit bei den Tatsachen zu suchen«.

Die chinesische Regierung kritisiert mich scharf, wenn ich vor der internationalen Gemeinschaft Fragen zum Wohlergehen des tibetischen Volkes aufwerfe. Bis wir für alle Beteiligten eine zufriedenstellende Lösung gefunden haben, habe ich die historische und moralische Verpflichtung, weiterhin offen für das tibetische Volk zu sprechen. Gleichzeitig ist allgemein bekannt, dass ich mich schon halb zur Ruhe gesetzt habe, seit die politische Führung der tibetischen Diaspora von der tibetischen Bevölkerung direkt gewählt wurde.

Aufgrund seines großen wirtschaftlichen Fortschritts entwickelt sich China zu einem mächtigen Land. Dies ist zu begrüßen, und es gibt China auch die Möglichkeit, eine wichtige Rolle auf der internationalen Bühne zu spielen. Die Welt ist begierig zu sehen, wie die gegenwärtige chinesische Führung die erklärten Konzepte einer »harmonischen Gesellschaft« und eines »friedlichen Aufschwungs« verwirklichen wird. Zur Realisierung dieser Konzepte ist wirtschaftlicher Aufschwung allein nicht ausreichend. Hier muss es Fortschritt geben hinsichtlich der Beachtung von Gesetzen, der Transparenz, dem Recht auf Information sowie der Freiheit der Rede. Da China ein Land mit vielen Nationalitäten ist, müssen alle die gleichen Möglichkeiten und die gleiche Freiheit haben, ihre jeweilige Identität zu schützen, wenn im Land stabile Verhältnisse herrschen sollen.

Am 6. März 2008 erklärte Präsident Hu Jintao: »Die Stabilität Tibets betrifft die Stabilität des Landes, und die Sicherheit Tibets betrifft die Sicherheit des Landes.« Er fügte hinzu, die chinesische Führung müsse das Wohlergehen der Tibeter sicherstellen, das Engagement betreffend Religion und ethnischer Gruppen verbessern und soziale Harmonie und Stabilität bewahren. Präsident Hus Erklärung ist richtig, und wir freuen uns, wenn sie umgesetzt wird.

Dieses Jahr erwartet das chinesische Volk stolz und ungeduldig die Eröffnung der Olympischen Spiele. Ich habe, von den ersten Anfängen an, die Idee unterstützt, China die Möglichkeit zu geben, Gastgeber der Olympischen Spiele zu sein. Da solche internationalen Sportereignisse, besonders die Olympiade, die Prinzipien der Freiheit der Rede und des Ausdrucks, Gleichheit und Freundschaft hochhalten, sollte China sich als guter Gastgeber erweisen, indem es diese Freiheiten zulässt. Deshalb sollte die internationale Gemeinschaft, neben dem Entsenden ihrer Athleten, die chinesische Regierung an diese Werte erinnern.

Ich habe erfahren, dass viele Regierungen, Einzelpersonen und Nichtregierungsorganisationen auf der ganzen Welt Aktivitäten unternehmen angesichts der Möglichkeit, die es für China gibt, sich positiv zu verändern. Ich bewundere ihre Aufrichtigkeit. Ich möchte nachdrücklich betonen, dass es sehr wichtig ist, auch die Zeit nach der Beendigung der Spiele im Blick zu haben. Die Olympischen Spiele werden ohne Zweifel großen Einfluss im Denken der chinesischen Bevölkerung haben. Deshalb sollte die Welt ihre Energien gebündelt einsetzen, einen kontinuierlichen Wandel innerhalb Chinas selbst herbeizuführen, nachdem die Olympiade beendet ist.

Ich möchte diese Gelegenheit nutzen, meinen Stolz und meine Bewunderung für die Standhaftigkeit, den Mut und die Entschlossenheit des tibetischen Volkes innerhalb Tibets auszudrücken. Ich ermutige sie, ihre Arbeit friedlich und innerhalb der bestehenden Gesetze, die den Minderheits-Nationalitäten der Volksrepublik China – einschließlich des tibetischen Volkes – zustehen, ihre legitimen Rechte und Freiheiten zu nutzen.

Ich möchte diese Gelegenheit weiter nutzen, der Regierung und dem Volk Indiens besonders zu danken, für ihre fortwährende und unvergleichliche Unterstützung der tibetischen Flüchtlinge und der Sache Tibets. Ebenso drücke ich meine Dankbarkeit aus gegenüber allen Regierungen und Menschen für ihre fortwährende Anteilnahme der Sache Tibets.

10. März 2008

Rede vor dem Europäischen Parlament in Straßburg

Sehr geehrte Frau Präsidentin, verehrte Parlaments-
mitglieder, meine Damen und Herren!

Vor dem Europäischen Parlament sprechen zu dürfen
ist für mich eine große Ehre. Meiner Ansicht nach stellt
die Europäische Union ein inspirierendes Beispiel für
das friedvolle und wechselseitig förderliche Zusammenleben unterschiedlicher Staaten und Völker dar,
das für Menschen wie mich, die von der Notwendigkeit
eines besseren Verständnisses, engerer Zusammenarbeit und größerer Achtung unter den Nationen dieser
Welt fest überzeugt sind, von besonderer Bedeutung
ist. Ich danke Ihnen für Ihre freundliche Einladung, die
ich als ermutigende Geste der echten Anteilnahme am
tragischen Schicksal des tibetischen Volkes betrachte.
Ich spreche zu Ihnen heute als einfacher buddhistischer
Mönch, der auf unsere traditionelle Weise erzogen
wurde. Ich bin kein Experte auf dem Gebiet der politischen Wissenschaften. Doch lebenslanges Studium und
Praxis des Buddhismus sowie meine Verantwortung
und mein Engagement im gewaltlosen Freiheitskampf

des tibetischen Volkes haben mir Erfahrungen eröffnet, die ich heute mit Ihnen teilen möchte.

Offensichtlich ist die menschliche Gemeinschaft in ihrer Geschichte an einem Wendepunkt angekommen. Die Welt von heute fordert von uns, die Einheit des Menschengeschlechts zu akzeptieren. In der Vergangenheit konnte sich ein Staat noch als vom Rest der Welt getrennt betrachten. Heute aber – das haben die jüngsten tragischen Ereignisse in den USA gezeigt – haben Ereignisse in einem Teil der Welt Auswirkungen auf viele andere Regionen. Die Welt wird immer stärker vernetzt. Im Lichte dieser neuen Form wechselseitiger Abhängigkeit betrachtet liegt unser Eigeninteresse ganz klar in der Berücksichtigung der Interessen anderer. Wenn wir keinen Sinn für unsere universelle Verantwortung entwickeln und fördern, steht unser aller Zukunft auf dem Spiel.

Ich bin der festen Überzeugung, dass wir bewusst daran arbeiten müssen, unser universelles Verantwortungsgefühl zu stärken. Wir müssen lernen, uns nicht nur für uns, unsere Familie oder Nation einzusetzen, sondern für das Wohlergehen aller Wesen. Universelle Verantwortung ist die beste Grundlage sowohl für persönliches Glück als auch für den Weltfrieden, für den nachhaltigen Umgang mit unseren natürlichen Ressourcen sowie für angemessenen Umweltschutz zum Nutzen künftiger Generationen.

Viele unserer globalen Probleme und Konflikte rühren daher, dass wir vergessen haben, dass wir alle zur großen Familie der Menschheit gehören. Wir übersehen, dass die Menschen trotz aller Unterschiede von Rasse, Religion, Kultur, Sprache, Ideologie und so weiter im Wesentlichen einander gleich sind und sich Frieden und Glück wünschen: Wir alle wünschen uns Glück und versuchen, Leid zu vermeiden. Wir bemühen uns, diese Wünsche nach bestem Vermögen zu erfüllen. Doch so sehr wir unsere Verschiedenheit theoretisch akzeptieren mögen, an der praktischen Umsetzung scheitern wir leider zu oft. Unsere Unfähigkeit, mit dem Anderssein umzugehen, wird zur Hauptquelle von Konflikten zwischen den Menschen.

Ein besonders trauriger Umstand der menschlichen Geschichte ist es, dass Konflikte nicht selten im Namen der Religion ausgetragen werden. Auch heute noch werden Menschen getötet, ganze Gemeinden vernichtet und Gesellschaften destabilisiert, weil Religion missbraucht und Hass und religiöser Fanatismus geschürt werden. Meiner persönlichen Erfahrung nach ist der beste Weg, mangelndes Verständnis zwischen den Religionen auszuräumen, der Dialog mit Mitgliedern anderer Glaubenstraditionen. Dies habe ich immer und immer wieder festgestellt. Ich habe beispielsweise in den Sechzigerjahren mehrfach Thomas Merton, einen bereits verstorbenen Trappistenmönch, getroffen und diese Begegnungen stets als außerordentlich bereichernd empfunden. In der Folge habe ich tiefe Bewunderung für die christlichen Lehren entwickelt. Es kann hilfreich sein, wenn sich die Führer großer Religionsgemeinschaften persönlich begegnen und einen von allen Teilnehmern gebilligten Gebetstext sprechen – so zum Beispiel 1986 in Assisi. Auch der *United Nations Millenium World Peace Summit of Religious and Spiritual Leaders* (Weltfriedensgipfel der Religiösen und Geistigen Führer anlässlich des Jahrtausendwechsels) im vergangenen Jahr war ein lobenswerter Schritt in diese Richtung. Gleichwohl sollten derartige Initiativen öfter und regelmäßiger stattfinden. Ich für meinen Teil habe, um meinen Respekt gegenüber den anderen Weltreligionen zu zeigen, eine Pilgerreise nach Jerusalem gemacht – an einen Ort, der drei der großen Weltreligionen heilig ist. Ich habe verschiedene hinduistische, islamische, christliche, jainistische und Sikh-Heiligtümer in und außerhalb Indiens besucht. Während der letzten drei Jahrzehnte habe ich mich immer wieder mit religiösen Führern verschiedener Traditionen getroffen und mit ihnen über Harmonie und interreligiöses Verständnis gesprochen. Wenn derart umwälzende Begegnungen stattfinden, dann erfahren die Gläubigen aus allen Kulturkreisen, dass der Glaube zur Quelle spiritueller Inspiration und zur ethischen Richtschnur wird und dass die Anhänger anderer Religionen ähnliches erleben. In solchen Zeiten wird klar, dass trotz aller Unterschiede die großen Weltreligionen dazu beitragen, ihre Anhänger zu guten Menschen zu machen. Alle unterstreichen die Bedeutung von Liebe, Mitgefühl, Geduld, Toleranz, Vergebung, Demut, Selbstdisziplin und dergleichen. Wir sollten also auch auf dem Gebiet der Religion die herrschende Vielfalt akzeptieren.

Im Hinblick auf die gerade entstehende globale Gemeinschaft sind alle Formen von Gewalt und Krieg vollkommen unangemessene Mittel zur Beilegung von Konflikten. Gewalt und Krieg sind seit jeher Teil der menschlichen Geschichte. In der Vergangenheit gab es bei kriegerischen Auseinandersetzungen noch Gewinner und Verlierer. Käme es jedoch zu einem neuen weltweiten Konflikt, dann gäbe es keine Gewinner mehr. Daher müssen wir den Mut und die visionäre Kraft aufbringen, uns eine Welt vorzustellen, die auf Dauer ohne Nuklearwaffen und nationale Armeen auskommt. Vor allem im Lichte der schrecklichen Angriffe in den Vereinigten Staaten sollte die internationale Gemeinschaft ernsthafte Anstrengungen unternehmen, um angesichts dieser schockierenden Erfahrung ein Gefühl globaler Verantwortung zu entwickeln, in der Konflikte durch eine Kultur des Dialogs und der Gewaltlosigkeit gelöst werden.

Der Dialog ist der einzig vernünftige und intelligente Weg, Differenzen beizulegen und beim Aufeinanderprallen verschiedener Interessen zu vermitteln, gleich ob auf individueller oder nationaler Ebene. Die Förderung dieser Kultur der Gewaltlosigkeit und des Dialogs ist eine echte Herausforderung für die internationale Gemeinschaft, will sie die Zukunft der Menschheit sicherstellen. Es genügt nicht, wenn unsere Regierenden sich zum Prinzip der Gewaltlosigkeit bekennen, ohne konkrete Schritte zu seiner Umsetzung zu unternehmen. Wenn Gewaltlosigkeit siegen soll, dann müssen wir Bedingungen dafür schaffen, dass gewaltfreie Bewegungen erfolgreich sein können und als effektiv gelten. Manche Menschen betrachten das 20. Jahrhundert als Jahrhundert des Kriegs und des Blutvergießens. Ich glaube, dass vor uns die Herausforderung liegt, das neue Jahrhundert zu einem des Dialogs und der Gewaltlosigkeit zu machen.

Meist fehlt es uns im Konfliktfall an ausreichendem Urteilsvermögen und an Mut. Wir schenken Situationen, die sich möglicherweise zu Konflikten auswachsen könnten, nicht genügend Aufmerksamkeit, solange sie sich noch in einem Frühstadium befinden. Haben sich die Emotionen der involvierten Menschen oder Staaten aber erst einmal hochgeschaukelt, ist es sehr, sehr schwierig, wenn nicht unmöglich, im akuten Konfliktfall eine explosive Entladung zu verhindern. Immer und immer wieder werden wir Zeuge dieses Prozesses. Wir müssen also früh Anzeichen von Konflikten erkennen und dann den Mut aufbringen, ein Problem anzusprechen, ehe es eskaliert.

Ich bin davon überzeugt, dass die meisten menschlichen Konflikte durch einen aufrichtigen Dialog im Geist der Offenheit und Versöhnung gelöst werden können. Deshalb habe ich in der Lösung der Tibetfrage stets den Weg der Gewaltlosigkeit und des Dialogs verfolgt. Seit Beginn der Besetzung Tibets habe ich versucht, mit der chinesischen Führung zu einer für beide

Seiten akzeptablen, friedlichen Koexistenz zu gelangen. Selbst als dem Land das 17-Punkte-Abkommen für die Friedliche Befreiung Tibets aufgezwungen wurde, versuchte ich noch, mit der chinesischen Führung zusammenzuarbeiten. Denn immerhin akzeptierte Peking mit diesem Abkommen Tibet als eigenständiges, unabhängiges Land und verpflichtete sich, den Tibetern das chinesische System nicht gegen deren Willen aufzuzwingen. Dieses Abkommen wurde jedoch gebrochen und den Tibetern eine rigide, ihnen fremde Ideologie aufoktroyiert, welche die einzigartige Kultur, Religion und Lebensart unseres Volkes missachtet. Die Verzweiflung darüber führte zum tibetischen Volksaufstand gegen die Chinesen. Am Ende musste ich 1959 aus Tibet fliehen, um dem Volk der Tibeter weiterhin dienen zu können.

Während der letzten vierzig Jahre meines Exils stand Tibet stets unter dem Einfluss der Regierung der Volksrepublik China. Die gewaltige Zerstörung, das unendliche Leid, das den Tibetern zugefügt wurden, sind heute wohlbekannt. Daher möchte ich mich bei diesen traurigen und schmerzlichen Vorfällen nicht lange aufhalten. Die 70 000-Zeichen-Petition des verstorbenen Panchen Lama an die chinesische Regierung ist ein aufschlussreiches historisches Dokument, das über Chinas drakonische politische Maßnahmen in Tibet informiert. Bis heute ist Tibet ein besetztes Land, das Narben des Leidens trägt und gewaltsam unterdrückt wird. Trotz einiger Fortschritte auf dem Gebiet

der wirtschaftlichen Entwicklung hat das Land exis-
tenzielle Probleme. In ganz Tibet kommt es immer
wieder zu gravierenden Menschenrechtsverletzungen,
die nicht zuletzt in einer Politik der rassischen und
kulturellen Diskriminierung wurzeln. Doch letztlich
sind dies nur Symptome und Konsequenzen einer tie-
fergehenden Problematik. Die chinesische Führung
betrachtet die eigenständige Kultur und Religion Tibets als Quelle einer drohenden Abtrennung von China. Daher ist nun ein ganzes Volk mit seiner eigenen
Kultur und Identität unmittelbar vom Aussterben
bedroht.

Ich habe den tibetischen Freiheitskampf stets auf
dem Weg der Gewaltlosigkeit geführt und eine wechselseitig befriedigende Lösung der Tibetfrage in Verhandlungen im Geiste der Versöhnung und des Kom-
promisses mit den Chinesen gesucht. In diesem Sinne
habe ich 1988 vor diesem Parlament einen Verhand-
lungsvorschlag vorgelegt, von dem wir hofften, er könne als Grundlage für die Lösung der Tibetfrage gelten.
Ich hatte das Europaparlament ganz bewusst als Ort
der Präsentation meiner Gedanken über mögliche Ver-
handlungsgrundlagen gewählt, weil ich der Ansicht
bin, dass eine wirkliche Einigung nur freiwillig erzielt
werden kann und wenn alle Betroffenen davon profitieren. Gerade die Europäische Union ist dafür ein
inspirierendes Beispiel. Andererseits kann sogar ein
geeintes Land in zwei oder mehr Länder zerfallen,
wenn es an Vertrauen und an gegenseitigen Vorteilen

fehlt und wenn Regierungsmacht vorzugsweise mit Gewalt durchgesetzt wird.

Mein Vorschlag, der später als »Mittlerer Weg« oder »Straßburger Entwurf« bekannt wurde, geht davon aus, dass Tibet innerhalb des Rahmenwerks der Volksrepublik China echte Autonomie genießt, also keine Autonomie auf dem Papier, wie sie uns vor fünfzig Jahren im 17-Punkte-Abkommen aufoktroyiert wurde. Es geht darum, dass die Tibeter sich in einem wirklich autonomen Land selbst regieren, dass sie für ihre eigenen Angelegenheiten verantwortlich sind, unter anderem für die Erziehung ihrer Kinder, religiöse und kulturelle Belange, den Schutz ihrer wertvollen und höchst sensiblen Umwelt sowie lokale wirtschaftliche Fragen. Peking würde sich um Fragen der Außenpolitik und der Verteidigung kümmern. Diese Lösung würde das Bild Chinas in den Augen der internationalen Gemeinschaft enorm verbessern und so die Stabilität und Einheit des Landes fördern, was zu den höchsten Prioritäten Pekings gehört. Gleichzeitig erhielten die Tibeter endlich ihre Grundrechte zugestanden und besäßen somit die Freiheit, ihre eigene Kultur zu bewahren und das empfindliche Ökosystem des tibetischen Hochlands zu schützen.

Seit der Präsentation dieses Vorschlags hat unsere Beziehung zur chinesischen Regierung viele Höhen und Tiefen durchlebt. Unglücklicherweise muss ich Sie darüber informieren, dass Pekings Mangel an politischem Willen, die Tibetfrage ernsthaft zu lösen, bislang jeden Fortschritt verhindert hat. Meine zahlreichen Initiativen und Vorstöße, die chinesische Führung zum Dialog zu bewegen, sind bis heute vergeblich geblieben. Erst im September ließ ich über die chinesische Botschaft in Neu Delhi die Regierung in Peking von unserem Wunsch wissen, eine Delegation zu entsenden, die ein detailliertes Memorandum mit meinen Gedanken zur Tibetfrage überbringen und die einzelnen Punkte des Memorandums erläutern sollte. Ich ließ mitteilen, dass meiner Ansicht nach direkte Gespräche am besten geeignet seien, Missverständnisse auszuräumen und ein Klima gegenseitigen Vertrauens zu schaffen. Sobald dies gelungen sei, könne eine für beide Seiten befriedigende Lösung der Frage sicher ohne größere Probleme gefunden werden. Die chinesische Regierung weigert sich jedoch bis heute, meine Delegation zu empfangen. Es ist offensichtlich, dass Chinas Haltung sich wieder verhärtet hat, da in den Achtzigerjahren insgesamt sechs Delegationen von Exiltibetern empfangen wurden. Welche Erklärungen Peking zur Kommunikation zwischen der chinesischen Führung und mir auch immer machen mag, Tatsache ist, dass die chinesische Regierung sich weigert, mit den Gesandten zu sprechen, denen ich diese Aufgabe übertragen habe.

Die Weigerung der chinesischen Führung, sich mit meinem Ansatz des Mittleren Weges auseinanderzusetzen, erhärtet den Verdacht des tibetischen Volkes, dass die chinesische Regierung kein Interesse an einer friedlichen Koexistenz zeigt. Viele Tibeter glauben daher, Chinas Ziel sei die vollständige zwangsweise Assimilation und Absorption Tibets in die Volksrepublik China. Sie aber fordern die tibetische Unabhängigkeit zurück und kritisieren daher auch meinen »Mittleren Weg«. Andere verlangen eine Volksabstimmung in Tibet. Wenn die Lebensbedingungen in Tibet so sind, wie die chinesische Regierung dies behauptet und die Tibeter glücklich seien, so die Überlegung, dann dürfte man auch nichts gegen eine Volksabstimmung einzuwenden haben. Auch ich war seit jeher der Ansicht, dass das tibetische Volk seine Zukunft selbst bestimmen müsse, wie Pandit Jawaharlal Nehru, der erste Premierminister Indiens, dies am 7. Dezember 1950 vor dem indischen Parlament ausführte: »… das letzte Wort im Hinblick auf Tibet gebührt dem tibetischen Volk und niemandem sonst.«

Ich lehne Gewalt als Mittel in unserem Freiheitskampf ab, doch ansonsten haben wir sicher das Recht, alle politischen Optionen zu nutzen, die uns zur Verfügung stehen. Ich bin ein überzeugter Anhänger von Freiheit und Demokratie und habe die Exiltibeter daher ermutigt, den demokratischen Prozess voranzutreiben. Heute sind die tibetischen Flüchtlinge vermutlich eine der wenigen Exilgemeinden, die alle drei Säulen der Demokratie errichtet haben: Legislative, Judikative und Exekutive. In diesem Jahr haben wir erneut einen großen Schritt im Demokratisierungsprozess getan. Der Präsident des tibetischen Kabinetts wird mittlerweile vom Volk gewählt. Der gewählte Kabinettspräsident und das gewählte Parlament werden sich die Verantwortung teilen und die tibetischen Angelegenheiten als legitime Volksvertreter entscheiden. Doch ich betrachte es als Teil meiner moralischen Verantwortung gegenüber sechs Millionen Tibetern, mich mit der chinesischen Führung auseinanderzusetzen und als freier Sprecher des tibetischen Volkes zu handeln, bis eine andere Lösung gefunden ist.

Da die chinesische Regierung meine Initiativen zum Dialog über die Jahre hinweg unbeantwortet ließ, bleibt mir keine andere Möglichkeit, als mich an die Mitglieder der internationalen Gemeinschaft zu wenden. Mittlerweile ist deutlich geworden, dass nur vermehrter, gemeinschaftlicher und dauerhafter Druck von Seiten der internationalen Gemeinschaft Peking davon überzeugen wird, dass es seine Politik in Tibet ändern muss. Obwohl die unmittelbare Reaktion der Chinesen zunächst einmal negativ ausfallen wird, glaube ich fest daran, dass der Ausdruck internationaler Besorgnis und Unterstützung ganz wesentlich für eine friedliche Lösung der Tibetfrage sein werden. Ich für meinen Teil bleibe dem Prozess des Dialogs weiterhin verpflichtet. Ich bin der festen Überzeugung, dass nur der Dialog und die Bereitschaft, die Verhältnisse in Tibet mit ehrlichem und klarem Blick zu betrachten, letztlich zu einer wechselseitig befriedigenden Lösung führen werden, die sowohl die Einheit und Stabilität der Volksrepublik China fördert als auch den Tibetern das Recht auf Freiheit, Frieden und Würde gibt.

Sehr geehrte Frau Präsidentin, verehrte Mitglieder des Parlaments, verehrte Brüder und Schwestern in Europa, ich betrachte mich selbst als den freien Sprecher meiner gefangenen Landsleute. Es ist meine Pflicht, für sie zu sprechen. Ich tue dies nicht im Geist des Zorns und des Hasses auf jene, die für das enorme Leiden unseres Volkes und die Zerstörung unseres Landes, unserer Häuser, Tempel, Klöster und Kultur verantwortlich sind. Auch sie sind menschliche Wesen, die nach Glück streben und unser Mitgefühl verdienen. Ich stehe hier, um Sie über die erschütternde Lage in meinem Land und über die Bestrebungen meines Volkes zu informieren, denn in unserem Kampf um Freiheit ist die Wahrheit unsere einzige Waffe. Heute stehen unser Volk, unser reiches kulturelles Erbe und unsere nationale Identität kurz vor der Auslöschung. Wir brauchen Ihre Unterstützung, um als Volk und Kultur überleben zu können.

Wenn wir die Lage in Tibet eingehender betrachten, so scheint sie angesichts zunehmender Repressionen, anhaltender Umweltzerstörung und ständiger Unterminierung tibetischer Kultur und Identität von Seiten Chinas beinahe aussichtslos. Doch ich glaube, dass China, wie groß und mächtig es auch sein mag, Teil dieser Welt ist. Die globalen Bestrebungen aber gehen hin zu mehr Offenheit, Freiheit, Demokratie und Achtung der Menschenrechte. Früher oder später wird China sich dieser globalen Entwicklung anschließen müssen. Auf Dauer kann auch China sich der Wahr-

heit, der Gerechtigkeit und der Freiheit nicht verschlie-
ßen. Da das Thema Tibet eng mit den Verhältnissen in
China selbst verknüpft ist, glaube ich, besteht Grund
zur Hoffnung.

Das dauerhafte und den eigenen Prinzipien treue
Engagement des Europäischen Parlaments in China
wird diesen Prozess des Wandels, der sich bereits voll-
zieht, beschleunigen. Daher möchte ich dem Europaparlament für seine dauerhafte Unterstützung des
gewaltlosen Freiheitskampfs der Tibeter danken. Ihr
Beistand war und ist für das tibetische Volk innerhalb
und außerhalb Tibets stets eine Quelle der Inspiration
und Ermutigung. Die zahlreichen Resolutionen des
Europaparlaments zum Thema Tibet haben geholfen,
das Leid des tibetischen Volks zu lindern und die Aufmerksamkeit der Öffentlichkeit sowie der Regierenden
Europas und der Welt immer wieder auf die Tibetfrage
zu lenken. Vor allem der Beschluss, einen speziellen
EU-Bevollmächtigten für Tibet zu ernennen, hat mich
in meinen Bestrebungen bestärkt. Ich bin der Überzeugung, dass die Umsetzung dieses Beschlusses innerhalb
der Europäischen Union dazu beitragen wird, nicht
nur auf beharrliche, effektive und kreative Weise eine
friedliche Lösung der Tibetfrage auf dem Verhand-
lungswege zu suchen, sondern auch andere Bedürfnisse
des tibetischen Volkes wie zum Beispiel den Erhalt
unserer Identität zu unterstützen. Diese Initiative zeigt
Peking, dass die Europäische Union es ernst meint,
wenn sie eine Lösung der Tibetfrage fordert und för-

dert. Ich hege keinerlei Zweifel, dass der unbeirrte Ausdruck Ihrer Besorgnis um Tibet auf Dauer positive Ergebnisse zeitigt und eine förderliche politische Umgebung für einen konstruktiven Dialog schafft. Ich bitte Sie daher in dieser für unser Land kritischen Zeit weiterhin um Ihre Unterstützung und danke Ihnen für die Gelegenheit, meine Gedanken diesbezüglich mit Ihnen zu teilen.

Oktober 2001

Der Fünf-Punkte-Friedensplan

Die wechselseitige Abhängigkeit in der Welt nimmt immer mehr zu. Dauerhafter Frieden – ob auf regionaler, nationaler oder globaler Ebene – kann sich nur dann einstellen, wenn wir nicht nur unsere Eigeninteressen verfolgen, sondern eine breitere Interessenlage berücksichtigen. Heute ist es wichtig, dass alle – ob stark oder schwach – auf ihre Weise dazu beitragen. Ich spreche zu Ihnen als Führer des tibetischen Volkes und als buddhistischer Mönch, der sich den Prinzipien einer auf Liebe und Mitgefühl basierenden Religion verpflichtet fühlt. Vor allem aber stehe ich hier als menschliches Wesen, das diesen Planeten mit Ihnen und anderen, als Brüder und Schwestern, teilt. Da die Welt immer kleiner wird, brauchen wir einander mehr denn je. Dies gilt für alle Teile der Welt, auch für den Kontinent, von dem ich komme.

In Asien gibt es zurzeit enorme Spannungen. Im Nahen Osten, in Südostasien und in meinem eigenen Land, Tibet, gibt es offene Konflikte. Diese sind größtenteils auf die Spannungen zwischen den Großmächten zurückzuführen, welche die jeweilige Region beherrschen. Doch um regionale Konflikte zu lösen, ist ein Ansatz nötig, der die Interessen aller beteiligten Länder und Völker berücksichtigt, ob groß oder klein. Solange keine umfassenden Lösungen gefunden sind, welche die Bedürfnisse der direkt Betroffenen berücksichtigen, werden Einzelmaßnahmen nur neue Probleme hervorrufen.

Das tibetische Volk ist bereit und willens, seinen Teil zum regionalen und globalen Frieden beizutragen. Ich glaube, dass es dazu in ganz besonderer Weise berufen ist. Die Tibeter sind traditionell ein friedliebendes, gewaltloses Volk. Seit vor über tausend Jahren der Buddhismus in Tibet eingeführt wurde, haben die Tibeter Gewaltlosigkeit gegenüber allen Lebensformen praktiziert. Diese Haltung wurde auch auf die internationalen Beziehungen unseres Landes ausgedehnt. Tibets wichtige strategische Position im Herzen Asiens, wo es zwischen den Großmächten des Kontinents liegt, hat ihm historisch betrachtet die Rolle des Züngleins an der Waage verliehen, wenn es um Frieden und Stabilität ging. Daher haben die Großmächte bislang viel getan, um sich gegenseitig aus Tibet fernzuhalten. Tibets Position als Pufferstaat war für die Stabilität der Region von enormer Bedeutung.

Als die eben gegründete Volksrepublik China 1949/50 in Tibet einmarschierte, wurde ein neuer Konfliktherd geschaffen. Dies wurde deutlich, als nach dem tibetischen Nationalaufstand gegen die Chinesen und meiner Flucht nach Indien im Jahr 1959 die Spannungen zwischen China und Indien zum Grenzkrieg von 1962 führten. Heute stehen einander auf beiden Seiten des Himalaja riesige Truppenverbände gegenüber und die Spannungen dort erreichen erneut gefährliche Höhepunkte.

Natürlich ist der wahre Grund dafür keineswegs der Verlauf der Grenze zwischen Indien und Tibet, sondern Chinas unrechtmäßige Besetzung Tibets, die dafür sorgte, dass die Volksrepublik nun direkten Zugriff auf den indischen Subkontinent hat. Die chinesische Regierung hat stets versucht, dies zu verschleiern, indem sie behauptete, Tibet sei immer schon ein Teil Chinas gewesen. Das entspricht nicht der Wahrheit. Tibet war ein vollständig unabhängiger Staat, als die Volksbefreiungsarmee 1949/50 das Land besetzte.

Seit die tibetischen Kaiser das Land vor über tausend Jahren einten, konnte unser Land – zumindest bis zur Mitte des 20. Jahrhunderts – seine Unabhängigkeit bewahren. Mitunter dehnte Tibet seinen Einflussbereich auch auf Nachbarländer beziehungsweise -völker aus. Zu anderen Zeiten hingegen geriet Tibet selbst unter den Einfluss mächtiger ausländischer Herrscher – die Khans der Mongolen, die Gurkhakönige aus Nepal, die Mandschu-Kaiser und die Briten in Indien.

Natürlich ist es für Staaten nicht ungewöhnlich, unter fremden Einfluss zu geraten. Bestes Beispiel sind die Satellitenstaaten: Nahezu alle Großmächte üben in der ein oder anderen Form Einfluss auf ihre weniger mächtigen Verbündeten oder Nachbarn aus. Wie wissenschaftliche Studien von anerkannten Rechtsexperten bewiesen haben, war im Falle Tibets die Tatsache, dass das Land gelegentlich unter fremden Einfluss geriet, nie mit dem Verlust der staatlichen Unabhängigkeit verbunden. Deshalb kann kein Zweifel daran bestehen, dass Tibet in jeder Hinsicht ein unabhängiger Staat war, als Pekings kommunistische Armeen dort einfielen.

Dieser aggressive Akt Chinas, der von nahezu allen Nationen der freien Welt abgelehnt wurde, war eine offene Verletzung internationalen Rechts. Da die militärische Besetzung Tibets durch China weiter andauert, sollte die Welt nicht vergessen, dass Tibet nach internationalem Recht immer noch ein unabhängiger Staat unter illegaler Besatzung ist, wenn auch die Tibeter ihre Freiheit verloren haben mögen.

Aber ich möchte mich nicht in Diskussionen über die politischen und rechtlichen Aspekte im Hinblick auf Tibets aktuellen Status ergehen. Ich will lediglich unterstreichen, dass wir Tibeter eine eigene Volksgruppe mit eigener Kultur, Sprache, Religion und Geschichte sind. Hätte China Tibet nicht besetzt, würde das Land heute noch seine Funktion als Pufferzone erfüllen, welche den Frieden in Asien fördert und aufrechterhält.

Es ist mein und des tibetischen Volkes aufrichtiger Wunsch, Tibet seine wichtige Rolle zurückzugeben und das ganze Land – also auch die drei Provinzen U-Tsang, Kham und Amdo – wieder zu einem Hort der

Stabilität, des Friedens und der Einigkeit zu machen. In bester buddhistischer Tradition würde Tibet seine Dienste und seine Gastfreundschaft all jenen bieten, die sich für den Weltfrieden und das Wohlergehen der Menschen sowie den Schutz der Umwelt engagieren.

Trotz des Völkermordes, der in den letzten Jahrzehnten der Besatzung an den Tibetern begangen wurde, habe ich mich stets bemüht, in einen direkten und offenen Dialog mit den Chinesen zu treten. 1982, als die chinesische Führung wechselte und ein direkter Kontakt mit der Regierung in Peking möglich wurde, schickte ich eine Gesandtschaft nach Peking, um Gespräche über die Zukunft meines Landes und meines Volkes in Gang zu bringen.

Wir eröffneten den Dialog in der ernsthaften und positiven Absicht, den legitimen Bedürfnissen der Volksrepublik China Rechnung zu tragen. Ich hoffte sehr, unsere Haltung würde in China auf dieselbe Offenheit stoßen, sodass wir am Ende zu einer Lösung kämen, die den Bestrebungen und Interessen beider Seiten gerecht würde. Unglücklicherweise hat China auf all unsere Vorstöße bislang wenig entgegenkommend reagiert, als wäre unsere Beschreibung der sehr realen Probleme in Tibet an sich schon als Kritik an Peking zu werten.

Zu unserer noch größeren Bestürzung aber missbrauchte die chinesische Regierung die Gelegenheit zum Dialog für ihre eigenen Zwecke. Statt sich um die tatsächlichen Bedürfnisse der sechs Millionen Tibeter zu kümmern, versuchte China, die Tibetfrage auf eine Diskussion über meinen persönlichen Status zu reduzieren.

Vor diesem Hintergrund und in Reaktion auf all die freundliche Unterstützung und Ermutigung, die ich bislang erfahren habe, möchte ich heute die wichtigsten Probleme klären und im Geist der Offenheit und Versöhnung einen ersten Schritt hin zu einer dauerhaften Lösung vorschlagen. Ich hoffe, dies kann zu einer von Freundschaft und Zusammenarbeit geprägten Zukunft mit all unseren Nachbarn, also auch mit dem chinesischen Volk, beitragen:

Der Friedensplan umfasst fünf wesentliche Punkte:

1. Umwandlung von ganz Tibet in eine Friedenszone;
2. Abrücken Chinas von seiner Siedlungspolitik, welche die Existenz des tibetischen Volkes bedroht;
3. Achtung der grundlegenden Menschenrechte und demokratischen Freiheiten des tibetischen Volkes;
4. Wiederherstellung und Schutz von Tibets Umwelt; Aufgabe einer Politik, die Tibet zur Produktion von Atomwaffen benutzt und zum Endlager für Atommüll macht;
5. Beginn ernsthafter Verhandlungen über den künftigen Status Tibets und der Beziehungen zwischen dem tibetischen und chinesischen Volk.

Diese fünf Punkte will ich im Folgenden genauer erläutern.

1. Ich schlage vor, dass ganz Tibet, einschließlich der östlichen Provinzen Kham und Amdo, in eine Zone des *ahimsa* umgewandelt wird. Der Begriff *ahimsa* kommt aus dem Hindi und bezeichnet einen Zustand des Friedens und der Gewaltlosigkeit.

   Die Einrichtung einer solchen Zone würde Tibet erlauben, seine historische Rolle als friedliche und neutrale buddhistische Nation und als Pufferstaat zwischen den Großmächten des Kontinents wieder einzunehmen. Sie stünde darüber hinaus im Einklang mit Nepals Bestrebungen, dort ebenfalls eine Friedenszone einzurichten, die bereits Chinas Zustimmung gefunden haben. Die Friedenszone in Nepal würde eine weit größere Wirkung entfalten, wenn auch Tibet und seine Nachbargebiete einbezogen werden könnten.

   Die Einrichtung einer Friedenszone in Tibet würde bedeuten, dass alle chinesischen Truppen inklusive sämtlicher militärischer Einrichtungen aus dem Land abgezogen würden. Dies würde Indien erlauben, seine Truppen und militärischen Einrichtungen aus den an Tibet angrenzenden Himalajagebieten ebenfalls abzuziehen. Natürlich würde dies ein internationales Abkommen erfordern, das Chinas legitime Sicherheitsansprüche zufrieden stellen und Vertrauen zwischen Tibetern, Indern, Chinesen und anderen Völkerschaften dieser Region stiften müsste. Dies liegt im Interesse aller, vor allem aber im Interesse der beiden Großmächte Indien und China, deren Sicherheitslage sich auf diese Weise verbessern würde. Durch den Rückzug der Truppen aus der Himalajaregion würde außerdem der Haushalt in beiden Staaten entlastet.

Historisch betrachtet waren die Beziehungen zwischen Indien und China nie angespannt. Erst als die chinesische Armee in Tibet einmarschierte und so eine gemeinsame Grenze schaffte, kam es zu Konflikten zwischen beiden Ländern, die zum Grenzkrieg von 1962 führten. Seitdem ereigneten sich immer wieder gefährliche Zwischenfälle. Die Wiederherstellung der guten Beziehungen zwischen den zwei bevölkerungsreichsten Staaten der Welt würde sich sehr viel einfacher gestalten, wenn sie – wie dies historisch seit jeher der Fall war – durch eine große und neutrale Pufferzone getrennt wären.

Um die Beziehungen zwischen dem tibetischen Volk und den Chinesen zu verbessern, ist es in erster Linie wichtig, Vertrauen aufzubauen. Nach dem Völkermord der letzten Jahrzehnte, in dem eine Million Tibeter, also ein Sechstel der Bevölkerung, ihr Leben verloren und mindestens noch einmal dieselbe Anzahl ob ihres Glaubens und ihres Wunsches nach Freiheit ihr Dasein in Gefängnissen fristete, kann nur der völlige Rückzug der chinesischen Truppen den Grundstein für einen echten Versöhnungsprozess legen. Die massive Präsenz der Besatzungsmacht erinnert die Tibeter täglich an die Unterdrückung, die sie erfahren. Der Rückzug der Truppen indes wäre ein klares Signal, dass künftig ein konstruktives, auf Freundschaft und Vertrauen basierendes Verhältnis zu den Chinesen möglich ist.

2. Die Umsiedlung von Chinesen nach Tibet, welche die Regierung in Peking forciert, um für das Tibetproblem eine endgültige Lösung zu finden und die Tibeter zur unbedeutenden und entrechteten Minderheit im eigenen Land zu machen, muss aufhören.

Die Ansiedlung zahlloser chinesischer Zivilpersonen in Tibet bedeutet einen klaren Verstoß gegen die Vierte Genfer Konvention von 1949 und bedroht das Überleben des tibetischen Volkes. In den östlichen Provinzen des Landes leben mittlerweile mehr Chinesen als Tibeter. In Amdo zum Beispiel, wo ich zur Welt kam, leben chinesischen Statistiken zufolge mittlerweile 2,5 Millionen Chinesen, aber nur 750 000 Tibeter. Auch für die so genannte Autonome Region Tibet (also in West- und Zentraltibet) belegen die Zahlen der chinesischen Regierung, dass dort mittlerweile mehr Chinesen als Tibeter wohnen.

Diese chinesische Siedlungspolitik ist kein Novum. Sie wurde bereits in anderen Regionen systematisch praktiziert. Zu Anfang des 20. Jahrhunderts beispielsweise waren die Mandschu eine eigene Rasse mit einer eigenen Kultur und Tradition. Heute leben in der Mandschurei nur noch zwei bis drei Millionen Mandschu und 75 Millionen Chinesen. In Ostturkestan, das die Chinesen mittlerweile Sinkiang nennen, ist die chinesische Bevölkerung von 200 000 im Jahr 1949 auf 7 Millionen angewachsen, was mehr als die Hälfte der Gesamtbevölkerung von 13 Millionen ausmacht. Die chinesische Kolonisierung der Inneren Mongolei hat dazu geführt, dass dort heute 8,5 Millionen Chinesen 2,5 Millionen Mongolen gegenüberstehen.

Heute leben in Tibet 7,5 Millionen Chinesen, also bereits deutlich mehr als die verbliebenen 6 Millionen Tibeter. In Zentral- und Westtibet, was von den Chinesen heute als »Autonome Region Tibet« geführt wird, gehen chinesische Quellen davon aus, dass die 1,9 Millionen Tibeter bereits eine Minderheit darstellen. Diese Zahlen berücksichtigen nicht die in Tibet stationierten Soldaten, welche für Gesamttibet wohl zwischen 300 000 und 500 000 ausmachen. Allein in der so genannten Autonomen Region Tibet beläuft sich die Truppenstärke auf 250 000 Mann.

Damit die Tibeter als Volk überleben können, muss diese Siedlungspolitik ein sofortiges Ende finden. Die chinesischen Siedler müssen nach China zurückkehren. Sonst werden die Tibeter bald nicht mehr als eine Touristenattraktion sein, Relikt einer noblen Vergangenheit.

3. In Tibet müssen die grundlegenden Menschenrechte und demokratischen Freiheiten Beachtung finden. Das tibetische Volk muss die Freiheit besitzen, sich kulturell, intellektuell, wirtschaftlich und spirituell frei zu entwickeln und seine grundlegenden demokratischen Rechte auszuüben.

Die Menschenrechtsverletzungen in Tibet gehören zu den schlimmsten der Welt. In Tibet herrscht eine Art diskriminierender »Apartheid«-Politik, welche die chinesische Führung unter dem Etikett »Segregation und Assimilation« betreibt. Bestenfalls sind die Tibeter Bürger zweiter Klasse in ihrem eigenen Land. Aller grundlegenden demokratischen Rechte und Freiheiten beraubt leben sie unter kolonialer Verwaltung, in der alle wirkliche Macht von den chinesischen Beamten der kommunistischen Partei und der Armee ausgeübt wird.

Obwohl die chinesische Regierung den Tibetern erlaubt hat, einige buddhistische Klöster wieder aufzubauen und dort zu beten, verbietet sie immer noch das ernsthafte Studium und die Lehre der Religion. Nur eine eng begrenzte Anzahl Menschen, die darüber hinaus die Genehmigung der Kommunistischen Partei braucht, erhält die Erlaubnis, ins Kloster zu gehen.

Während die Exiltibeter mittlerweile ihre per (von mir 1963 öffentlich eingesetzten) Verfassung garantierten demokratischen Rechte ausüben, leiden in Tibet Tausende ihrer Landsleute in Gefängnissen und Arbeitslagern wegen ihrer politischen und religiösen Überzeugung.

4. Es müssen ernsthafte Anstrengungen zur Beseitigung der Umweltschäden in Tibet unternommen werden. Tibet darf nicht zur Produktion von Nuklearwaffen und als Endlager für Atommüll genutzt werden.

Die Tibeter haben großen Respekt vor jeder Form von Leben. Dieses tief verwurzelte Gefühl wird vom buddhistischen Glauben getragen, der es verbietet, anderen fühlenden Wesen – ob Tieren oder Menschen – Schaden zuzufügen. Vor dem chinesischen Einmarsch war Tibet unberührte Wildnis, ein Kleinod in einer einzigartigen natürlichen Umgebung. Unglücklicherweise wurden Fauna und Wälder Tibets in den letzten Jahrzehnten von den Chinesen fast vollkommen zerstört. Die Auswirkungen auf die empfindliche Umwelt Tibets waren schrecklich. Das letzte bisschen, das davon noch übrig ist, muss geschützt werden. Nach Möglichkeit sollte man versuchen, die Umwelt wieder in einen ausgeglichenen Zustand zurückzuversetzen.

China nutzt Tibet als Produktionsstätte für Nuklearwaffen und lagert wohl bereits Atommüll in Tibet. China plant nicht nur, den eigenen Atommüll dort zu lagern, sondern auch die nuklearen Abfälle anderer Staaten, die mit Peking bereits eine entsprechende Übereinkunft getroffen haben.

Welche Gefahren dies mit sich bringt, liegt klar auf der Hand. Nicht nur die jetzige Generation, sondern alle künftigen Generationen sind von dem Mangel an Respekt für Tibets einzigartige Natur betroffen.

5. Es müssen ernsthafte Verhandlungen über den künftigen Status Tibets und die Beziehungen zwischen dem tibetischen und dem chinesischen Volk aufgenommen werden.

Wir möchten dieses Thema auf vernünftige und realistische Weise angehen. In einem Geist der Offenheit und Versöhnung, der eine Lösung zum Ziel hat, die auf Dauer den Interessen aller dient: den Tibetern, den Chinesen und allen anderen betroffenen Völkern. Tibeter und Chinesen sind verschiedene Völker, jedes mit einem eigenen Land, einer eigenen Geschichte, Kultur, Sprache und Lebensart. Unterschiede zwischen den Völkern müssen anerkannt und respektiert werden. Diese müssen jedoch kein Hindernis für eine echte Zusammenarbeit sein, die beiden Völkern zum wechselseitigen Vorteil gereicht. Ich bin der aufrichtigen Überzeugung, dass wir einen Durchbruch erzielen könnten, wenn die betroffenen Parteien mit offenem Geist und dem ernsthaften Wunsch, eine befriedigende und gerechte Lösung zu erzielen, ihre Zukunft erörtern könnten. Wir alle müssen uns stets um Weisheit und Vernunft bemühen. Daher sollten wir einander in einem Geist der Offenheit und des Verständnisses begegnen.

Lassen Sie mich zum Schluss noch eine persönliche Bemerkung anführen. Ich möchte Ihnen für das Interesse und die Unterstützung danken, die Sie und so viele Ihrer Kollegen und Mitbürger dem Leid aller unterdrückten Menschen auf der ganzen Welt entgegenbringen. Die Tatsache, dass Sie offen Ihre Sympathie für uns Tibeter gezeigt haben, hatte bereits einen positiven Einfluss auf unser Volk in Tibet. Ich bitte Sie daher, uns an diesem kritischen Punkt in der Geschichte unseres Landes weiterhin Ihren Beistand zu gewähren.

Rede vor dem Menschenrechtsausschuss
des US-Kongresses, September 1987

Wie wir uns als Menschen dem Weltfrieden nähern können

Wenn wir morgens aufstehen und das Radio anstellen, hören wir überall dieselben traurigen Nachrichten: Gewalt, Kriminalität, Kriege und Naturkatastrophen. Ich kann mich nicht an einen Tag erinnern, an dem nicht in irgendeinem Teil der Welt etwas Schreckliches passiert wäre. Auch in unserer modernen Zeit ist unser kostbares Leben alles andere als sicher. Keine Generation vor uns hat sich je mit so vielen negativen Nachrichten auseinandersetzen müssen wie die unsere. Allein diese ständige Anwesenheit von Angst und Anspannung sollte für einen sensiblen und mitfühlenden Menschen Anlass sein, sich über den Fortschritt in unserer Welt ernsthaft Gedanken zu machen.

Ironischerweise haben die tieferen Probleme ihre Wurzel in den hoch entwickelten Industrieländern. Wissenschaft und Technik haben auf vielen Gebieten Wunder gewirkt, doch die grundlegenden menschlichen Nöte bleiben dieselben. Mehr Menschen als je zuvor können lesen und schreiben, und doch hat die verbreiterte Bildungsbasis augenscheinlich nicht zu mehr Güte geführt, sondern nur geistige Ruhelosigkeit und Unzufriedenheit vermehrt. Natürlich haben wir im Hinblick auf Technik und materiellen Reichtum Fortschritte erzielt, doch scheint dies nicht zu genügen. Schließlich sind wir mitnichten in der Lage, Frieden und Glück herzustellen und dem Leid ein Ende zu setzen.

Daraus können wir nur schließen, dass unser Fortschritt und unsere Entwicklung Schattenseiten haben und dass es verheerende Folgen für die Zukunft der Menschheit haben kann, wenn wir uns nicht rechtzeitig mit ihnen befassen. Ich lehne Wissenschaft und Technik, die das Leben der Menschen durchweg verbessert haben, keineswegs ab. Wir verfügen über mehr materiellen Komfort als früher und wir verstehen die Welt besser, in der wir leben. Doch wenn wir Wissenschaft und Technik überbewerten, laufen wir Gefahr, den Kontakt mit jenen Aspekten menschlichen Wissens zu verlieren, die zu mehr Rechtschaffenheit und Uneigennützigkeit führen.

Wissenschaft und Technik sind in der Lage, uns nahezu unbegrenzten materiellen Komfort zu bescheren. Die jahrtausendealten spirituellen und menschlichen Werte, die unsere Zivilisation in all ihren verschiedenen nationalstaatlichen Formen geprägt haben, können sie allerdings nicht ersetzen. Niemand wird leugnen, dass Wissenschaft und Technik zu enormem materiellen Fortschritt geführt haben, doch unsere grundlegenden Probleme als Menschen bleiben bestehen. Wir sind immer noch mit Leiden, Angst und Anspannung konfrontiert, vielleicht sogar mehr als zuvor. Daher ist es nur logisch, ein Gleichgewicht zwischen materieller Entwicklung auf der einen Seite und der Entwicklung spiritueller und menschlicher Werte auf der anderen anzustreben. Um dies zu erreichen, müssen wir uns wieder auf unsere menschlichen Werte besinnen.

Ich bin sicher, viele Menschen teilen meine Besorgnis über die weltweite ethische Krise und schließen sich meinem Appell an alle religiösen und humanitär interessierten Menschen an, unsere Gesellschaft mitfühlender, gerechter und teilungswilliger zu machen. Ich spreche in diesem Punkt nicht als Buddhist, ja nicht einmal als Tibeter. Auch nicht als Experte in internationaler Politik (auf die ich mich unvermeidlich beziehen werde). Ich spreche hier nur als Mensch, als Verfechter menschlicher Werte, die nicht nur die Grundlage des Mahayana-Buddhismus, sondern aller großen Weltreligionen sind. Daher möchte ich mit Ihnen meine Gedanken zu diesem Thema teilen. Ich bin der Überzeugung, dass

1. universelle menschliche Werte nötig sind, um unsere globalen Probleme zu lösen;
2. Mitgefühl die Grundlage des Weltfriedens ist;
3. alle Weltreligionen bereits für diese Art von Weltfrieden eintreten, ebenso wie dies alle humanitär Engagierten tun, gleich, welche Ideen ihr Handeln prägten;

4. jeder Mensch die universelle Verantwortung trägt, zur Schaffung von Institutionen beizutragen, die den menschlichen Bedürfnissen dienen.

Menschliche Probleme durch Änderung unserer Einstellung lösen

Viele Probleme, mit denen wir uns heute konfrontiert sehen, sind das Resultat von Naturkatastrophen. Diese müssen wir einfach akzeptieren und ihnen mit Gleichmut begegnen. Andere hingegen haben wir selbst geschaffen, meist aufgrund von Fehleinschätzungen. Diese Probleme können wir korrigieren. Eine spezielle Form des Konflikts entsteht aus dem Aufeinanderprallen von Ideologien, seien diese nun politischer oder religiöser Natur. Dann bekämpfen die Menschen einander wegen kleinlicher Eigeninteressen und vergessen dabei, dass unsere menschliche Natur uns verbindet und wir letztlich alle eine große Familie sind. Wir sollten immer im Hinterkopf behalten, dass alle Religionen, Ideologien und politischen Systeme geschaffen wurden, um der Menschheit zu mehr Glück zu verhelfen. Dieses letztendliche Ziel dürfen wir nicht aus den Augen verlieren. Keinesfalls heiligt der Zweck diesbezüglich die Mittel. Menschlichkeit ist wichtiger als materielle und ideologische Zielsetzungen.

Die größte Gefahr für die Menschheit – genauer gesagt für alle lebenden Wesen auf der Erde – geht zweifellos von der nuklearen Bedrohung aus. Diese

Tatsache bedarf keiner weiteren Ausführung mehr. Ich möchte hier nur die Gelegenheit ergreifen und einen Appell richten an die Politiker aller Atommächte, die buchstäblich die Zukunft der Welt in ihren Händen halten, aber auch an alle Wissenschaftler, die immer noch diese grauenhaften Vernichtungswaffen entwickeln, und an alle Menschen auf der ganzen Welt, die irgendwie in der Lage sind, ihre politischen Führer zu beeinflussen. Ich bitte Sie: Lassen Sie Vernunft walten und setzen Sie sich dafür ein, dass alle Kernwaffen abgebaut und vernichtet werden. Wir wissen heute, dass es im Falle eines Nuklearkriegs keine Gewinner geben wird, weil es keine Überlebenden geben wird! Ist es nicht schon erschreckend, über solch ein Ausmaß an menschenfeindlicher, herzloser Zerstörung überhaupt nur nachzudenken? Und wäre es nicht logisch, dass wir die mögliche Ursache unserer Auslöschung beseitigen, wenn wir sie kennen und sowohl über Zeit als auch Mittel verfügen, dies zu tun? Sehr häufig können wir unsere Probleme ja nicht ausräumen, weil wir entweder die Ursache nicht kennen oder nicht die Mittel besitzen, um sie zu beseitigen. Im Falle der nuklearen Bedrohung ist dies nicht so.

Ob es sich nun um entwickeltere Wesen wie den Menschen oder um einfacher strukturierte wie das Tier handelt, alle Wesen streben letztlich nach Frieden, Wohlbefinden und Sicherheit. Dem nicht mit Sprache begabten Tier ist sein Leben genauso wichtig wie dem Menschen das seine. Selbst das einfachste Insekt sucht

Schutz vor den Gefahren, die sein Leben bedrohen. Jeder von uns will leben und nicht sterben. Das ist bei allen Geschöpfen des Universums so, der Unterschied liegt nur in dem Einfluss, den sie auf ihr eigenes Leben ausüben können.

Allgemein gesagt gibt es zwei Formen von Glück und Leid: geistiges und körperliches. Mit geistigem Glück und Leid umzugehen ist schwieriger. Daher betone ich immer wieder, wie wichtig es ist, den Geist zu trainieren, um Leid besser ertragen zu lernen und so dauerhaftes Glück zu erlangen. Doch ich habe auch eine allgemeinere und konkrete Vorstellung von Glück: eine Mischung aus innerem Frieden, wirtschaftlicher Entwicklung und – zuallererst – Weltfrieden. Um diese Ziele zu erreichen müssen wir ein Gefühl universeller Verantwortung schaffen, eine tiefe Hinwendung zu allen Menschen, ohne Ansehen von Glauben, Hautfarbe, Geschlecht oder Nationalität.

Hinter dieser Vorstellung von universeller Verantwortung steckt die einfache Tatsache, dass die Wünsche anderer Wesen dieselbe Berechtigung haben wie die meinen. Jedes Wesen wünscht sich Glück und möchte Leid vermeiden. Wenn wir als intelligente menschliche Wesen diese Tatsache nicht akzeptieren, werden wir immer nur mehr Leiden auf diesem Planeten schaffen. Wenn wir auf selbstbezogene Weise mit dem Leben umgehen und andere ständig für unsere Eigeninteressen zu manipulieren versuchen, mögen wir daraus vielleicht kurzfristig Vorteile ziehen, doch auf lange Sicht werden wir damit kein persönliches Glück erreichen. Und natürlich trägt solch eine Haltung auch nicht zum Weltfrieden bei.

In ihrem Streben nach Glück haben die Menschen verschiedene Methoden ausprobiert. Einige davon erwiesen sich als abstoßend und grausam. Auf diese Weise, die im Widerspruch zu unserer Menschlichkeit steht, fügt man seinen Mitmenschen und anderen Wesen um selbstsüchtiger Ziele willen Leid zu. Doch diese Art kurzsichtigen Handelns bringt uns selbst letztlich genauso viel Leid wie den anderen. Als Mensch wiedergeboren zu werden ist ohnehin schon eine recht seltene Angelegenheit. Wir sollten unser Potenzial also so effektiv und klug wie möglich nutzen. Wir sollten eine Perspektive einnehmen, die der Universalität des Lebens Rechnung trägt: Glück oder Ansehen eines Einzelnen oder einer bestimmten Gruppe sollte nicht auf Kosten anderer angestrebt werden.

Dies verlangt eine neue Art, an globale Probleme heranzugehen. Im Gefolge rapider technologischer Fortschritte und der Ausweitung internationaler Handels- und anderer Beziehungen wird die Welt immer kleiner und kleiner und damit vernetzter. Unsere wechselseitige Abhängigkeit verstärkt sich. Früher betrafen Probleme meist nur die Familie oder den Clan. Daher ließen sie sich auch auf der familiären Ebene lösen. Das hat sich mittlerweile geändert. Heutzutage sind wir so eng miteinander verbunden, dass wir die Hoffnung, die Gefährdungen unserer Existenz zu überwinden, aufgeben müssen, wenn wir handeln ohne das Gefühl universeller Verantwortung, ohne ein tiefes Verständnis dafür, dass wir eine große Familie, also Brüder und Schwestern sind. Ohne dies sind Frieden und Glück unmöglich.

Die Probleme eines Landes können auf rein nationaler Ebene nicht mehr sinnvoll gelöst werden, weil wir mit anderen Nationen zusammenarbeiten und deren Interessen und Vorstellungen berücksichtigen müssen. Daher scheint die einzig sinnvolle Grundlage für den Weltfrieden eine universelle humanitäre Verantwortung zu sein. Was aber heißt das für uns? Wir stützen uns auf den Gedanken, den wir schon erwähnt hatten, nämlich, dass alle Wesen sich grundsätzlich Glück wünschen und Leid vermeiden möchten. Wenn wir vor diesem Hintergrund nur nach unserem eigenen Glück streben, ohne die Gefühle und Wünsche der anderen »Familienmitglieder« zu achten, dann ist dies nicht nur moralisch falsch, sondern auch unklug. Weise ist es hingegen, auch an das Glück der anderen zu denken, wenn wir unser eigenes anstreben. Dies nenne ich »weises Eigeninteresse«, das sich hoffentlich in »kompromissbereites Eigeninteresse« und schließlich in »Berücksichtigung wechselseitiger Interessen« verwandelt.

Obwohl die zunehmende Vernetztheit zwischen den Nationen eigentlich zu mehr verständnisvoller Zusammenarbeit führen sollte, wird ein echtes Füreinander-Eintreten doch nur dann möglich, wenn wir die Gefühle und das Glück der anderen achten. Wenn Menschen hauptsächlich von Neid und Gier getrieben werden, ist es für sie schwierig, in Harmonie zu leben. Ein spiritueller Umgang mit unseren politischen Problemen, die von unserer bislang eher selbstbezogenen Herangehensweise verursacht wurden, lässt diese vielleicht nicht verschwinden, doch auf Dauer wird dadurch die Basis unserer jetzigen Probleme unterminiert.

Wenn die Menschheit andererseits damit fortfährt, die Lösung für ihre Probleme immer dem Primat der kurzfristigen Zweckdienlichkeit zu unterwerfen, werden wir künftigen Generationen enorme Schwierigkeiten vererben. Die Weltbevölkerung wächst und wächst. Unsere Ressourcen aber nehmen immer mehr ab. Betrachten wir doch nur einmal die Bäume. Niemand weiß genau, welche Auswirkungen die massive Entwaldung auf Klima, Boden und die globale Ökologie haben wird. Dieses Problem entsteht nur, weil die Menschen stets ihren kleinlichen Eigeninteressen zufolge handeln und nicht an die Auswirkung dieses Handelns auf die ganze Menschheitsfamilie denken. Sie denken nicht an die Erde und auch nicht an die langfristigen Konsequenzen für das Leben als solches. Wenn wir, die wir dieser Generation angehören, uns nicht schon jetzt darüber Gedanken machen, ist das Problem für die künftigen Generationen vielleicht nicht mehr zu handhaben.

Mitgefühl als Pfeiler des Weltfriedens

Der buddhistischen Psychologie zufolge rühren all unsere Schwierigkeiten aus unserem leidenschaftlichen Wunsch nach und unserer Anhaftung an Dinge, die wir fälschlich als dauerhaft betrachten. Wenn wir den Objekten unserer Anhaftung und Begierde nachjagen, setzen wir auf Aggression und Wettbewerbsverhalten als angeblich Erfolg versprechende Strategien. Diese geistige Haltung wird schnell in die Tat umgesetzt und sorgt dafür, dass überall eine gewisse Aggressionsbereitschaft zum Tragen kommt. Natürlich ist der menschliche Geist schon seit jeher von diesen geistigen Prozessen geprägt, doch in der modernen Zeit ist ihre Umsetzung bedauerlicherweise sehr viel effektiver geworden. Was aber können wir tun, um diese »Gifte« – Illusion, Gier und Aggression – in den Griff zu bekommen? Denn sie sind es, die fast jedes nur erdenkliche Leid auf der Erde verursachen.

Als Mensch, der in der Tradition des Mahayana-Buddhismus erzogen wurde, glaube ich, dass Liebe und Mitgefühl der moralische Stoff sind, aus dem der Weltfrieden besteht. Zunächst einmal möchte ich erläutern, was ich unter Mitgefühl verstehe. Wenn Sie gegenüber einem sehr armen Menschen Mitgefühl empfinden, dann zeigen Sie Sympathie für ihn, weil er arm ist. Ihr Mitgefühl beruht also auf altruistischen Überlegungen. Andererseits ist die Liebe, die Sie Ihrem Partner, Ihren Kindern oder einem Freund gegenüber empfinden, gewöhnlich von Anhaftung geprägt. Ändert sich Ihre Anhaftung, ändert sich auch Ihre freundliche Haltung. Sie kann sogar vollständig verschwinden. Dies ist keine wahre Liebe. Wahre Liebe fußt nicht auf Anhaftung, sondern auf Altruismus. In diesem Fall bleibt Ihr Mitgefühl bestehen, solange die Wesen leiden, weil es Ihre zutiefst menschliche Reaktion auf das Leiden ist.

Diese Art von Mitgefühl sollten wir in uns zu erzeugen versuchen. Wir müssen es also von seiner anfänglichen Begrenzung ins Grenzenlose wachsen lassen. Unterschiedsloses, spontanes, grenzenloses Mitgefühl für alle fühlenden Wesen ist natürlich nicht dasselbe wie die Liebe, die wir unserer Familie und unseren Freunden gegenüber empfinden. Diese ist von Unwissenheit, Sehnsucht und Anhaftung geprägt. Die Art von Liebe, um die es hier geht, ist weiter gespannt, sodass man sogar Menschen liebt, die einen verletzt haben, unsere Feinde beispielsweise.

Die logische Begründung für dieses Mitgefühl ist, dass jeder von uns Leid vermeiden und Glück erlangen möchte. Doch dieser Gedankengang geht von einem klaren Ichgefühl aus, das den universellen Wunsch nach Glück bestimmt. Tatsächlich sind alle Wesen mit ähnlichen Wünschen geboren und sollten dasselbe Recht haben, sie in Erfüllung gehen zu sehen. Wenn ich mich selbst mit anderen Wesen vergleiche, deren Zahl grenzenlos ist, dann wird mir klar, dass die anderen wichtiger sind als ich, denn sie sind viele, ich aber bin nur ein einziges Wesen. Die Tradition des tibetischen

Buddhismus lehrt uns, alle fühlenden Wesen als unsere Mütter zu betrachten und ihnen unsere Dankbarkeit zu bezeugen, indem wir ihnen unsere Liebe schenken. Denn der buddhistischen Lehre zufolge kommen wir alle immer und immer wieder zur Welt, und so ist es durchaus vorstellbar, dass jedes Wesen irgendwann einmal schon unsere Mutter war. Auf diese Weise wird verdeutlicht, dass alle Wesen im Universum miteinander in Verbindung stehen.

Ob jemand nun religiös ist oder nicht, es gibt niemanden, der Liebe und Mitgefühl nicht zu schätzen weiß. Gleich vom Moment unserer Geburt an erfreuen wir uns der Liebe und Fürsorge unserer Eltern. Später, wenn wir mit den Leiden des Alters und der Krankheit konfrontiert sind, sind wir wieder von der Freundlichkeit anderer Menschen abhängig. Wenn wir also am Beginn und am Ende unseres Lebens von der Freundlichkeit anderer abhängig sind, warum sollten wir zwischendrin nicht nett zu anderen sein?

Die Entwicklung eines guten Herzens (was bedeutet, sich anderen nahe und verpflichtet zu fühlen) hat nichts mit jener Religiosität zu tun, die wir gewöhnlich mit konventionellen religiösen Praktiken assoziieren. Es kann nicht nur von religiösen Menschen entwickelt werden, sondern von jedermann ohne Ansehen von Rasse, Religion oder politischen Überzeugungen. Ein gutes Herz kann jeder entwickeln, der sich als Teil der großen Menschenfamilie sieht und die Dinge daher aus einem weiteren Blickwinkel betrachtet. Dies ist ein besonders machtvolles Gefühl, das wir unter allen Umständen anstreben sollten. Doch gerade dies vernachlässigen wir häufig, vor allem in unseren »besten Jahren«, wenn wir uns in falscher Sicherheit wiegen.

Wenn wir jedoch eine auf längere Sicht ausgerichtete Perspektive einnehmen, wenn wir die Tatsache in Rechnung stellen, dass alle Wesen Glück erfahren und Leid meiden wollen, wenn wir uns darüber hinaus noch klarmachen, dass die anderen Wesen im Vergleich zu uns zahllos sind, dann können wir daraus den Schluss ziehen, dass es sich durchaus lohnt, seine Besitztümer mit anderen zu teilen. Wenn Sie sich also in dieser Sichtweise der Dinge üben, kann daraus echtes Mitgefühl entstehen, echte Liebe und Achtung gegenüber anderen Wesen. Dann finden wir unser Glück nicht mehr in der permanenten Suche nach uns selbst. Es wird vielmehr zur automatischen Nebenwirkung dieses ganzen Vorgangs, in dem wir in Liebe anderen dienen.

Eine weitere Folge spiritueller Entwicklung, die uns im Alltag viel Nutzen bringt, ist die Ruhe und geistige Präsenz, die sie mit sich bringt. Unser Leben ist ständig im Fluss, beschert uns permanent Schwierigkeiten. Wenn wir diese jedoch mit einem klaren, ruhigen Geist angehen, sind wir in der Lage, sie erfolgreich zu lösen. Verlieren wir stattdessen die Kontrolle über unseren Geist, indem wir uns Gefühlen wie Hass, Selbstsucht, Neid und Ärger überlassen, geht uns damit auch unser Urteilsvermögen verloren. Unser Geist ist wie vernagelt. In solch blinden Momenten kann alles geschehen, auch Kampf und Krieg. Daher ist die Praxis von Weisheit und Mitgefühl für alle von Nutzen, vor allem aber für Politiker, die die Geschicke ihres Landes lenken, die also sowohl Macht als auch Gelegenheit haben, die für den Weltfrieden nötigen Strukturen zu schaffen.

Weltreligionen für den Weltfrieden

Die Prinzipien, die ich Ihnen bislang vorgestellt habe, stehen im Einklang mit den ethischen Lehren aller Weltreligionen – Buddhismus, Christentum, Konfuzianismus, Hinduismus, Islam, Jainismus, Judentum, Sikh-Religion, Taoismus sowie den Lehren Zoroasters. Alle hegen ähnliche Vorstellungen in Bezug auf Liebe. Alle gehen davon aus, dass spirituelle Praxis der Menschheit nützt und dass sie ihre Anhänger zu besseren Menschen macht. Alle Religionen kennen ethische Vorschriften, welche das Verhalten auf körperlicher, sprachlicher und geistiger Ebene regeln. Alle lehren, dass wir besser nicht lügen, stehlen oder töten sollen. Das gemeinsame Ziel aller ethischen Vorschriften, die von den großen Religionsgründern niedergelegt wurden, ist die Erlangung von Selbstlosigkeit. Die großen Lehrer suchten stets, ihre Anhänger vom Weg schlechten Handelns, der aus Unwissenheit entsteht, abzubringen und sie auf den Pfad der Güte zu führen.

Alle Religionen sind sich einig, dass es nötig ist, den undisziplinierten Geist mit seiner Selbstsucht und anderen Leidensursachen unter Kontrolle zu bringen.

Und jede lehrt einen Pfad, der zu einem geistigen Zustand des Friedens, der Disziplin, Moral und Weisheit führt. In dieser Hinsicht, glaube ich, teilen alle Religionen im Wesentlichen dieselbe Botschaft. Unterschiede in der Glaubenslehre können letztlich wohl dem Umstand zugeschrieben werden, dass die Religionen zu verschiedenen Zeiten, unter verschiedenen Umständen und vor dem Hintergrund verschiedener Kulturen entstanden. Wenn wir uns nur auf die metaphysische Seite der Religion beschränken, dann finden die Streitgespräche mit Sicherheit kein Ende. Doch es ist sehr viel hilfreicher, die allen gemeinsamen Praktiken zur Erzeugung von Güte in den Alltag zu integrieren, als sich über kleinere Unterschiede in den Grundlagen auseinanderzusetzen.

Es gibt viele verschiedene Religionen, die den Menschen zu Wohlbefinden und Glück anleiten, so wie es für verschiedene Krankheiten verschiedene Arzneimittel gibt. Denn alle Religionen tragen auf ihre Weise dazu bei, dass die lebenden Wesen Leid vermeiden und Glück erlangen können. Obwohl wir durchaus viele Gründe dafür finden mögen, dass wir einen Weg religiöser Wahrheit einem anderen vorziehen, so finden sich doch weit mehr Gründe für deren grundlegende Einheit, die im menschlichen Herzen wurzelt. Jede Religion wirkt in ihrer ureigenen Weise dem Leiden entgegen und hilft beim Aufbau der menschlichen Zivilisation. Es geht daher nicht um Bekehrung. Ich zum Beispiel strebe nicht danach, andere zum Buddhismus zu bekehren oder auch nur buddhistische Anliegen über die anderer Religionen zu stellen. Vielmehr denke ich, dass ich als vom Buddhismus geprägter Altruist, der sich für menschliche Werte einsetzt, zum Glück der Menschheit beitragen kann.

Wenn ich hier auf die grundlegenden Gemeinsamkeiten der Weltreligionen verweise, dann rede ich keiner im Besonderen das Wort noch suche ich eine neue »Weltreligion«. Alle Religionen der Welt werden gebraucht, um die Zivilisation und die menschliche Erfahrungswelt zu bereichern. Der Geist ist bei den einzelnen Menschen von ganz unterschiedlicher Verfasstheit. Er braucht verschiedene Ansätze, um den richtigen Weg zu Glück und Frieden zu finden. Das ist wie mit gutem Essen. Manche Menschen fühlen sich mehr zum Christentum hingezogen, andere zum Buddhismus, weil der Buddhismus keinen Schöpfergott kennt und alles nur vom eigenen Handeln abhängt. Ähnliche Argumente lassen sich für fast jede Religion anführen. Letztlich geht es also nur um eines: Die Menschheit braucht verschiedene Religionen, weil sie unterschiedliche Lebensstile, unterschiedliche spirituelle Bedürfnisse und kulturelle Traditionen hat.

Daher heiße ich alle Anstrengungen willkommen, welche das Verständnis unter den Religionen fördern. Gerade dies wird im Moment ganz besonders gebraucht. Wenn alle Religionen sich als Hauptziel setzen, die Menschheit zu verbessern, können sie problemlos und in Harmonie gemeinsam für den Weltfrieden arbeiten. Das Verständnis, das zwischen den einzelnen Glaubenstraditionen herrscht, wird schließlich für die nötige Geschlossenheit und verstärkte Zusammenarbeit auf religiösem Gebiet sorgen. Obwohl dies ein wichtiger Schritt ist, sollten wir nicht vergessen, dass es hier keine schnellen oder einfachen Lösungen gibt. Wir können die Differenzen in der Glaubenslehre, die zwischen den Religionen bestehen, nicht überdecken, noch können wir hoffen, die jetzt bestehenden Religionen durch einen gemeinsamen universellen Glauben zu ersetzen. Jede Religion vermag etwas Besonderes zu geben und jede passt auf ihre Weise für eine ganz bestimmte Gruppe Menschen. Die Welt braucht daher alle Religionen.

Auf religiöse Menschen, die sich für den Weltfrieden einsetzen möchten, warten im Wesentlichen zwei Aufgaben. Zunächst einmal müssen wir für ein besseres Verständnis zwischen den Religionen sorgen, um eine gewisse Basis zur Zusammenarbeit zu schaffen. Dies kann nur dadurch erreicht werden, dass wir den Glauben des anderen respektieren und die gemeinsame Sorge für das menschliche Wohl herausstellen. Zum zweiten müssen wir einen gangbaren Kompromiss finden, was grundlegende spirituelle Werte betrifft, die jedes Herz berühren und das Glück der Menschen fördern. Das bedeutet, wir müssen den gemeinsamen Nenner aller Religionen finden – menschliche Ideale also. Diese beiden Schritte werden uns in die Lage versetzen, sowohl als Einzelne wie als Gemeinschaft die nötigen spirituellen Grundlagen für den Weltfrieden zu schaffen.

Wir Praktizierenden verschiedener Glaubensrichtungen können gemeinsam für den Weltfrieden eintreten, wenn wir die verschiedenen Religionen im Wesentlichen als Instrumente sehen, mit Hilfe derer wir ein gutes Herz entwickeln können – Liebe und Achtung für andere und echten Gemeinsinn. Zu diesem Zweck sollten wir den Blick auf die Zielsetzung der Religionen richten und nicht auf ihre theologischen und metaphysischen Grundlagen, was nur zu mehr intellektueller Haarspalterei führt. Ich glaube, dass alle großen Weltreligionen zum Weltfrieden beitragen und gemeinsam für das Wohl der Menschheit eintreten können, wenn wir die subtilen metaphysischen Unterschiede, die in erster Linie innerhalb der Glaubensrichtungen interessant sind, beiseitelassen.

Trotz der zunehmenden Verweltlichung, die sich im Gefolge der weltweiten Modernisierung eingestellt hat, und trotz der systematischen Versuche in einigen Teilen der Welt, spirituelle Werte vollkommen zu zerstören, glaubt der weitaus größere Teil der Menschheit doch heute noch an die ein oder andere Religion. Dieser unerschütterliche Glaube an die Religion, der sich gerade unter vollständig irreligiösen politischen Systemen beobachten lässt, zeigt die Macht der Religion an sich. Diese enorme spirituelle Energie kann zweckdienlich eingesetzt werden, um die spirituellen Grundlagen für den Weltfrieden zu schaffen. Religiöse Führer und humanitär Engagierte auf der ganzen Welt spielen diesbezüglich eine besondere Rolle.

Ob wir den Weltfrieden tatsächlich herbeiführen oder nicht, ist weiter nicht von Belang. Wichtig ist, dass wir auf dieses Ziel hinarbeiten. Wenn unser Geist vom Zorn geprägt ist, verlieren wir den besten Teil des menschlichen Verstandes: Weisheit, die Fähigkeit, zwischen richtig und falsch zu unterscheiden. Wut ist eines der gravierendsten Probleme, mit denen sich die Gesellschaft heute auseinandersetzen muss.

Individueller Einsatz zur Gestaltung der Institutionen

Wut und Zorn spielen in aktuellen Konflikten wie dem im Nahen Osten, in Südostasien und beim Nord-Süd-Gefälle eine tragende Rolle. Denn letztlich rühren diese Konflikte daher, weil wir nicht verstehen, dass auch unsere »Feinde« Menschen sind wie wir. Ihre Lösung kann weder in der Entwicklung und dem Einsatz größerer Militärkraft noch in einem Wettrüsten liegen. Sie ist weder rein politisch noch rein militärisch motiviert. Letztlich ist sie auf dem Gebiet der Spiritualität zu suchen, denn es geht darum, dass wir ein Verständnis für unsere gemeinsame Situation als Menschen entwickeln müssen. Hass und Kampf bringen niemandem Glück, nicht einmal den Siegern. Gewalt führt immer zu Elend, ist also letztlich kontraproduktiv. Daher sollten die Politiker in aller Welt lernen, endlich die Differenzen von Rasse, Kultur und Ideologie zu überwinden und den jeweils anderen mit Augen zu betrachten, welche das Gemeinsame der menschlichen Situation sehen. Dieser Blickwinkel ist für den Einzelnen genauso wichtig wie für die Gemeinschaft, die Nation, ja die Welt als Ganzes.

Der weitaus größte Teil der aktuellen Konflikte scheint von der Aufteilung der Welt in den »Ostblock« und den »Westen« herzurühren, die seit dem 2. Weltkrieg fortdauert. Diese beiden Blöcke neigen dazu, sich gegenseitig in düsteren Farben zu zeichnen. Wenn dem kein Ende gemacht wird, wird es weiterhin zu sinnlosen Kämpfen kommen, die letztlich einem Mangel an wechselseitigem Verständnis und Respekt füreinander als menschliche Wesen anzulasten sind. Der Ostblock sollte den Hass auf den Westen aufgeben, denn auch im Westen leben Menschen – Männer, Frauen und Kinder. In gleicher Weise sollte der Westen seinen Hass auf den Ostblock mäßigen, weil dort ebenfalls Menschen leben. Auf diese Weise wird der gegenseitige Hass abgebaut, wobei die Politiker beider Seiten eine wichtige Rolle spielen. Doch zuallererst müssen diese selbst ihre grundlegende Menschlichkeit sowie die ihrer vermeintlichen Gegner anerkennen. Ohne diese fundamentale Erkenntnis ist es nicht möglich, gegenseitige Abneigung wirksam abzubauen.

Würden sich beispielsweise der Präsident der Vereinigten Staaten von Amerika und der Präsident der Sowjetunion auf einer einsamen Insel begegnen, so bin ich sicher, dass sie einander ganz spontan als menschliche Wesen akzeptieren würden. Doch sobald sie sich dann als Präsidenten erkennen würden, wären sie erneut durch einen Wall von Verdächtigungen und Missverständnissen getrennt. Mehr nicht vom Protokoll bestimmte menschliche Kontakte würden ihr gegenseitiges Verständnis sicher fördern. Sie würden lernen, dass der jeweils andere auch nur ein Mensch ist. Aufbauend auf dieser Einsicht ließen sich die internationalen Probleme sicher lösen. In einer Atmosphäre von gegenseitigen Verdächtigungen und Hass können zwei Parteien keine gedeihlichen Gespräche führen, vor allem wenn sie auf eine Geschichte voller Feindseligkeiten zurückblicken.

Ich schlage also vor, dass die politischen Führer der Welt sich einmal im Jahr an einem schönen Ort treffen, ohne den Zwang, etwas besprechen oder beschließen zu müssen, einfach um sich gegenseitig als Menschen besser kennen zu lernen. Später könnten sie sich auch treffen, um bilaterale oder globale Probleme zu diskutieren. Ich bin sicher, viele Menschen teilen meinen Wunsch nach einem Treffen der politischen Führer unserer Nationen in einer Atmosphäre von gegenseitigem Respekt für die Menschlichkeit des anderen.

Begegnungen zwischen den Menschen sollten ganz allgemein vorangetrieben werden. Aus diesem Grund sollte man den internationalen Tourismus fördern. Auch die Massenmedien, vor allem in demokratisch organisierten Gesellschaften, können zum Weltfrieden beitragen, indem sie Berichten über menschliche Interessen, welche die grundsätzliche Gleichheit zwischen den Menschen ausdrücken, mehr Raum geben. Ich hoffe zudem, dass alle internationalen Organisationen, vor allem die Vereinten Nationen, ihre aktive und effektive Politik zum Besten der Menschheit und zur Förderung des internationalen Verständnisses weiterführen können. Es wäre wirklich tragisch, würden die wenigen verbliebenen Weltmächte die Vereinten Nationen für ihre einseitigen Interessen einspannen. Die Vereinten Nationen sind das Instrument für den Weltfrieden. Dieses Instrument muss von allen hochgehalten werden, da die Vereinten Nationen für kleinere unterdrückte Länder und damit für den ganzen Planeten die einzige Hoffnung darstellen.

Da alle Nationen ökonomisch mittlerweile stärker voneinander abhängig sind als je zuvor, muss unser Verständnis füreinander die nationalen Grenzen überschreiten und die internationale Gemeinschaft als solche einschließen. Wenn es uns nicht gelingt, ohne Zwang und Gewalt eine Atmosphäre aufrichtiger Zusammenarbeit zu schaffen, werden die Probleme auf der Welt eher noch wachsen. Wird Menschen in armen Ländern weiterhin die Teilhabe am Glück, das sie suchen und verdienen, versagt, dann entsteht dort natürlich Unzufriedenheit, was wiederum Probleme in den reicheren Ländern verursacht. Wenn Menschen weiterhin gegen ihren Willen bestimmte soziale, politische und kulturelle Organisationsformen aufgezwungen werden, ist es zweifelhaft, ob wir je den Weltfrieden herbeiführen können. Stellen wir hingegen die Menschen von Herz zu Herz zufrieden, wird der Frieden sich mit Sicherheit einstellen.

Jeder Mensch in jedem Land sollte das Recht auf Glück besitzen. In den zwischenstaatlichen Beziehungen wiederum sollte man dem Wohl auch der kleinsten Länder Aufmerksamkeit schenken. Damit will ich nicht sagen, dass ein System besser als das andere ist und alle dieses annehmen sollten. Ganz im Gegenteil: Es ist zu wünschen, dass uns eine Vielzahl politischer Systeme und Ideologien zur Verfügung steht, da nicht alle Menschen dieselben Bedürfnisse haben. Diese Vielfalt wird die Menschen bei ihrem steten Streben nach Glück unterstützen. Jede Gemeinschaft sollte also in freier Entscheidung ihre politische und sozio-ökonomische Organisationsform wählen können.

Ob wir Gerechtigkeit, Harmonie und Frieden erlangen werden, hängt von vielen Faktoren ab. Jedenfalls sollten wir uns eher die langfristige als die kurzfristige Wahrung des menschlichen Wohlergehens auf die Fahnen schreiben. Ich bin mir durchaus bewusst, dass die Aufgabe, die vor uns liegt, gewaltig ist. Doch ich sehe keine Alternative zu dem Weg, den ich Ihnen hier vorschlage und der auf unserem Menschsein beruht. Die Nationen der Welt haben keine Wahl mehr. Sie müssen sich für das Wohl der anderen einsetzen, weniger weil sie menschliche Werte so hoch einschätzen, sondern weil dies im gegenseitigen und langfristigen Interesse aller Beteiligten liegt. Dass diese neue Wirklichkeit sich zunehmend Bahn bricht, zeigt allein die Tatsache, dass es immer mehr regionale beziehungsweise kontinentale Wirtschaftsorganisationen wie die Europäische Union, den Verband Südostasiatischer Nationen (ASEAN) und so weiter gibt. Ich hoffe, dass sich noch mehr solch transnationaler Organisationen bilden, vor allem in Gebieten, wo es an Wirtschaftskraft und regionaler Stabilität fehlt.

Vor diesem Hintergrund werden Qualitäten wie menschliches Verständnis und ein universelles Verantwortungsgefühl immer wichtiger. Um solche Qualitäten in die Tat umzusetzen, brauchen wir zuallererst ein gutes, liebevolles Herz, ohne das wir weder universelles Glück noch dauerhaften Weltfrieden schaffen können. Frieden lässt sich nicht auf dem Papier kreieren. Denn wir treten zwar für ein universelles Verantwortungsgefühl innerhalb der großen Menschheitsfamilie ein, doch andererseits ist unsere Gesellschaft in einzelne Staaten unterteilt. Realistisch betrachtet sind es also diese Organisationsformen, die uns als Bausteine des Weltfriedens dienen müssen. Bereits in der Vergangenheit gab es immer wieder Versuche, innerhalb der Gesellschaft für mehr Gleichheit und Gerechtigkeit zu sorgen. Man hat Institutionen mit noblen Grundsätzen geschaffen, um antisoziale Tendenzen zu bekämpfen. Unglücklicherweise werden diese Bestrebungen immer wieder durch den unausrottbaren Eigennutz unterlaufen. Häufiger als je zuvor müssen wir heute mit ansehen, wie Ethik und hehre Grundsätze vom Schatten des Eigeninteresses verdunkelt werden, vor allem auf dem Gebiet der Politik. Es gibt sogar Menschen, die vor der Politik warnen, weil Politik für sie gleichbedeutend mit Unmoral ist. Politik ohne ethische Grundsätze ist dem menschlichen Wohl nicht förderlich. Ein Leben ohne Moral aber reduziert den Menschen auf die Ebene der Tiere. Trotzdem ist Politik nicht automatisch »schmutzig«. Es sind nur die Instrumente unserer politischen Kultur, die hohe Ideale und Vorstellungen, welche ursprünglich das menschliche Miteinander verbessern sollten, in ihr Gegenteil verkehrt haben. Aus diesem Grund äußern spirituelle Menschen immer wieder Besorgnis, wenn religiöse Führer sich auf Politik »einlassen«, da sie fürchten, dass die »schmutzige« Politik sie in irgendeiner Weise »anstecken« könnte.

Ich hingegen möchte der Forderung widersprechen, dass Religion und Ethik sich möglichst nicht in Politik einmischen und religiöse Menschen sich von der Welt zurückziehen sollten. Diese Sicht der Religion ist zu einseitig, da sie nicht berücksichtigt, dass jeder Mensch auch in der Gesellschaft steht und die Religion in unserem Alltag häufig eine bedeutende Rolle spielt. Für einen Politiker ist Ethik ebenso wichtig wie für jeden anderen Menschen. Wenn Politiker und Staatsmänner ihr Handeln nicht mehr auf moralische Prinzipien gründen, haben wir gefährliche Konsequenzen zu fürchten. Ob wir nun an Gott oder an Karma glauben, Ethik ist die Grundlage jeder Religion.

Menschliche Qualitäten wie Ethik, Mitgefühl, Anstand, Weisheit sind die Grundlage jeder Zivilisation. Diese Qualitäten sollten wir kultivieren und unterstützen, indem wir in einem förderlichen sozialen Umfeld für systematische ethische Erziehung sorgen. Auf diese Weise kann eine humanere Welt entstehen. Die Qualitäten, die wir für eine solche Welt brauchen, müssen schon von Kindesbeinen an gelehrt werden. Wir können nicht darauf warten, dass die nächste Generation uns dies abnimmt. Wir müssen heute versuchen, die grundlegenden menschlichen Werte zu erneuern. Wenn es Hoffnung gibt, dann für die zukünftigen Generationen. Dies wird aber nur dann der Fall sein, wenn wir unser gegenwärtiges Erziehungssystem weltweit umstellen. Wir brauchen eine neue Revolution, und zwar in unserer praktischen und theoretischen Beziehung zu allgemein menschlichen Werten.

Es genügt nicht, lautstark über den moralischen Verfall zu jammern. Wir müssen auch wirklich etwas dagegen unternehmen. Da sich die Regierungen unserer Tage nicht mehr um solch »religiös« gefärbten Belange kümmert, müssen religiös und humanitär engagierte Menschen auf der ganzen Welt die existierenden zivilen, sozialen, kulturellen, religiösen und pädagogischen Institutionen stärken, um für eine Renaissance menschlicher und spiritueller Werte zu sorgen. Wenn nötig müssen wir, um diese Ziele zu verwirklichen, auch neue Organisationen schaffen. Nur so können wir hoffen, eine stabilere Basis für den Weltfrieden zu schaffen.

Wir als Menschen leben in Gesellschaft. Daher sollten wir versuchen, das Leiden unserer Mitmenschen zu teilen und nicht nur unseren Lieben, sondern auch unseren Feinden gegenüber Mitgefühl und Toleranz walten zu lassen. Dies ist die eigentliche Nagelprobe für unsere moralische Stärke. Wir müssen durch unser eigenes Handeln ein Beispiel geben, denn wir können nicht hoffen, andere nur durch Worte vom Wert der Religion zu überzeugen. Wir müssen die hohen Ansprüche an Integrität und Opferbereitschaft, die wir an andere stellen, vorleben können. Der letztendliche Sinn aller Religionen ist es, den Menschen zu dienen und ihr Wohl zu fördern. Aus diesem Grund ist es von so entscheidender Bedeutung, dass wir mit Hilfe unserer Religion Glück und Frieden für alle Wesen erzeugen, und nicht andere zu bekehren versuchen.

In der Religion gibt es keine nationalen Grenzen. Eine Religion steht allen Menschen und Gemeinschaften zur Verfügung, die sie als förderlich empfinden. Für den Suchenden ist es nun wichtig, jene Religion zu finden, die ihm am besten dient. Doch wenn man sich einer bestimmten Religion zuwendet, heißt das nicht, dass man die anderen oder die eigene Gemeinschaft deshalb ablehnt. Wer sich einer neuen Religion zuwendet, sollte darauf achten, sich nicht von seinem Umfeld abzukoppeln. Er sollte weiterhin innerhalb seiner Gemeinde und in Harmonie mit deren Mitgliedern leben. Wenn Sie sich von Ihrer Gemeinschaft lösen, können Sie anderen nicht dienlich sein, und es ist Ziel und Zweck der Religion, anderen unsere Hilfe angedeihen zu lassen.

Zwei Dinge sind es, die in dieser Hinsicht für uns von Bedeutung sind: Selbstprüfung und Selbstverbesserung. Wir sollten ständig prüfen, wie wir tatsächlich zu den anderen stehen und uns auf diese Weise einer genauen Prüfung unterziehen. Wenn wir feststellen, dass wir falsch handeln, sollten wir uns sofort korrigieren.

Schließlich möchte ich noch ein paar Worte zum materiellen Fortschritt sagen. Immer wieder höre ich von Menschen aus dem Westen laute Klagen über den materiellen Fortschritt. Paradoxerweise ist dies andererseits der ganze Stolz der westlichen Welt. Im materiellen Fortschritt an sich kann ich nichts Negatives erkennen, wenn es dabei in erster Linie um den Menschen geht. Es ist jedoch meine feste Überzeugung, dass wir, um unsere menschlichen Probleme in ihrer ganzen Tragweite zu lösen, wirtschaftliche Entwicklung mit spirituellem Wachstum in Einklang bringen müssen.

Wir müssen also die Grenzen der wirtschaftlichen Entwicklung kennen. Obwohl materialistisches Wissen in Form von Wissenschaft und Technik eine Menge zum menschlichen Wohlergehen beigetragen hat, kann es kein dauerhaftes Glück schaffen. In Amerika zum Beispiel, das in technologischer Hinsicht das vielleicht am höchsten entwickelte Land der Welt ist, gibt es immer noch viel geistiges Leid. Der Grund dafür ist, dass materialistisches Wissen nur eine Art von Glück hervorbringt, das von materiellen Bedingungen abhängt. Glück, das aus einer inneren Entwicklung herrührt und daher unabhängig von äußeren Faktoren ist, kann so nicht entstehen.

Wenn wir menschliche Werte erneuern und so dauerhaftes Glück erzeugen wollen, müssen wir uns mit den allgemeinen humanitären Werten auseinandersetzen, die unser gemeinsames globales Erbe sind. Ich hoffe, dass dieser Essay uns daran erinnert, dass wir als Menschen eine große Familie bilden.

Ich habe die oben stehenden Ausführungen niedergelegt, um meine grundsätzliche Einstellung zum Thema Frieden mit Ihnen zu teilen.

Wann immer ich auf einen »Fremden« treffe, befällt mich dasselbe Gefühl: »Ich begegne jetzt einem anderen Mitglied der großen Menschheitsfamilie.« Diese Haltung hat meine Zuneigung und Achtung für alle Wesen vertieft.

Möge dieser spontane Wunsch mein kleiner Beitrag zum Weltfrieden sein. Ich bete dafür, dass die Menschenfamilie auf diesem Planeten zu mehr Freundschaft, Fürsorge und Verständnis findet.

Dies ist mein von Herzen kommender Appell an alle, die Leid vermeiden und nach dauerhaftem Glück streben wollen.

Buddhismus und Demokratie

1. Über Tausende von Jahren hinweg war die Menschheit davon überzeugt, dass die Gesellschaft nur mit Hilfe autoritärer Strukturen und rigider Strafen regiert werden könne. Da der Mensch jedoch einen angeborenen Freiheitswillen hat, standen die Kräfte der Freiheit und der Unterdrückung während der gesamten Menschheitsgeschichte im Widerspruch zueinander. Heute aber ist klar, welche der beiden Sieger bleiben wird. Das Aufkommen von Volksbewegungen, die Diktaturen von rechts und von links absetzten, zeigt fraglos, dass die menschliche Spezies die Herrschaft der Tyrannei nicht erträgt.

2. Obwohl keine der ursprünglich buddhistischen Gesellschaften demokratische Regierungen hervorgebracht hat, hege ich persönlich große Bewunderung für die weltliche Demokratie. Als Tibet noch frei war, betrieben wir eine nationale Isolation, von der wir fälschlicherweise dachten, sie würde unseren Frieden und unsere Sicherheit gewährleisten. Aus diesem Grund haben wir auf die Veränderungen, die

überall auf der Welt stattfanden, nicht reagiert. Als Indien, einer unserer engsten Nachbarn, friedlich seine Unabhängigkeit erkämpfte und zur größten Demokratie der Welt wurde, haben wir dies kaum registriert. Später mussten wir im Zusammenspiel mit den internationalen Kräften auf bittere Weise lernen, dass Frieden etwas ist, das in Gesellschaft anderer geteilt und genossen werden will, etwas, das man nicht für sich selbst behalten kann.

3. Obwohl die Tibeter mittlerweile auf den Status von Flüchtlingen reduziert wurden, besitzen wir doch die Freiheit, unsere Rechte wahrzunehmen. Unsere Brüder und Schwestern in Tibet dagegen leben zwar im eigenen Land, können aber häufig nicht einmal ihr Recht auf Leben durchsetzen. Daher obliegt uns Exiltibetern die Pflicht und Verantwortung, einen Plan für das künftige Tibet zu erarbeiten. Daher haben wir in den letzten Jahren versucht, das Modell für eine echte Demokratie zu finden. Allein die Vertrautheit der Exiltibeter mit dem Wort »Demokratie« zeigt dies schon überdeutlich.

4. Ich habe mich darauf gefreut, ein politisches Modell zu finden, das sowohl unserer Tradition als auch den Anforderungen der modernen Welt gerecht wird. Eine Demokratie, deren Grundlagen Gewaltlosigkeit und Frieden sind. Erst kürzlich

haben wir Maßnahmen in die Wege geleitet, welche unsere Exilregierung weiter stärken und demokratisieren. Aus vielerlei Gründen habe ich mich entschlossen, in einem unabhängigen Tibet in der politischen Führung des Landes keine weitere Rolle mehr zu spielen. Das künftige Oberhaupt der tibetischen Regierung muss jemand sein, der demokratisch vom Volk gewählt wird. Dieser Schritt bringt sehr viele Vorteile und ermöglicht uns, eine echte und vollständige Demokratie zu bilden. Ich hoffe, diese Entscheidung versetzt das tibetische Volk in die Lage, seine Stimme bei der Entscheidung über die Zukunft seines Landes klar und deutlich erheben zu können.

5. Unser Demokratisierungsprozess hat mittlerweile die Tibeter in aller Welt erreicht. Ich glaube, dass künftige Generationen unsere diesbezüglichen Bestrebungen als wichtigste Erfahrung der Exilzeit betrachten werden. So wie die Einführung des Buddhismus unserer Nation Zusammenhalt gegeben hat, so wird die Demokratisierung den Lebenswillen des tibetischen Volkes stärken, sodass die Institutionen, die über unsere Angelegenheiten entscheiden, unsere wahren Bedürfnisse widerspiegeln.

6. Die Vorstellung, dass Menschen als Individuen frei zusammen leben, vom Grundsatz her gleich und daher füreinander verantwortlich sind, stimmt im

Wesentlichen mit den buddhistischen Grundprinzipien überein. Als Buddhisten schätzen wir Tibeter das menschliche Leben als kostbares Gut ein. Wir sind der Auffassung, dass Buddhas Lehren uns einen Weg zur höchstmöglichen Freiheit weisen. Ein Ziel, das von Männern und Frauen gleichermaßen erlangt werden kann.

7. Der Buddha erkannte, dass Glück im Leben das höchste Ziel ist. Er sah, dass Weisheit frei macht, während Unwissenheit uns in endlosem Leiden verhaftet bleiben lässt. Die moderne Demokratie beruht auf dem Prinzip, dass alle Menschen grundsätzlich gleich sind, dass jeder also das gleiche Recht auf Leben, Freiheit und Glück besitzt. Der Buddhismus geht ebenfalls davon aus, dass jeder Mensch ein Recht auf Würde hat. Und dass alle Mitglieder unserer großen Menschenfamilie das gleiche und unveräußerliche Recht auf Freiheit besitzen, also nicht nur auf politische Freiheit, sondern auf die grundlegende Freiheit von Angst und Not. Ob wir nun arm oder reich sind, gebildet oder ungebildet, der oder jener Nation beziehungsweise Religion angehören, dieser oder jener Ideologie anhängen, so ist doch jeder von uns nur ein menschliches Wesen wie alle anderen. Wir streben nicht nur alle gleichermaßen nach Glück und Leidfreiheit, sondern jeder von uns besitzt auch das gleiche Recht auf diese Dinge.

8. Der Buddha gründete die Institution des Sangha, der klösterlichen Gemeinschaft, die weitgehend nach demokratischen Regeln funktioniert. Innerhalb dieser Gemeinschaft sind die Menschen gleich, egal, welcher sozialen Klasse oder Kaste sie entstammen mögen. Ein kleiner Unterschied wurde nach der Dauer der Zeit gemacht, die man als Mönch gelebt hatte. Man strebte nach der individuellen Freiheit, die sich in der Erleuchtung oder dem Erwachen zeigte, und zwar durch das Mittel der Meditation. Die Alltagsbeziehungen aber fußten auf den Geboten der Großzügigkeit, Rücksichtnahme und Freundlichkeit. Indem sie ein Leben in der Unbehaustheit führten, lösten die Mönche sich von den Sorgen, welche der Besitz bereitet. Doch sie lebten keineswegs in totaler Isolation. Dass sie ihre Nahrung Tag für Tag erbetteln mussten, machte ihnen immer wieder bewusst, dass sie von anderen Menschen abhängig waren. Innerhalb der Gemeinschaft wurden Entscheidungen durch Abstimmung getroffen. Streitigkeiten wurden durch einvernehmliche Beschlüsse beigelegt. So kann der buddhistische Sangha als Modell für soziale Gleichheit, gerecht geteilte Ressourcen und demokratische Prozesse gelten.

9. Der Buddhismus ist letztlich eine praxisorientierte Lehre. Er nimmt sich des fundamentalen Problems menschlichen Leidens an, ohne dafür nur eine ein-

zige Lösung zu präsentieren. In Anerkennung der Tatsache, dass die Menschen unterschiedliche Bedürfnisse, Anlagen und Fähigkeiten besitzen, geht er davon aus, dass es viele Wege zum Glück gibt. Die spirituelle Gemeinde findet ihren Zusammenhalt in dem Gefühl, dass wir alle Brüder und Schwestern sind. Ohne jede zentralisierte Autorität hat der Buddhismus so fast zweitausendfünfhundert Jahre überlebt und in den unterschiedlichsten Ausprägungen seine Blütezeit gefunden. In dieser Zeit erneuerte er sich durch Studium und Praxis im Geiste der Belehrungen Buddhas. Dieser pluralistische Ansatz, der dem Einzelnen die Verantwortung für sein Schicksal überträgt, passt sehr gut zum Prinzip der Demokratie.

10. Wir alle wünschen uns Freiheit, doch was den Menschen unter den anderen Lebewesen auszeichnet, ist vor allem seine Intelligenz. Als freie menschliche Wesen können wir unsere einzigartige Intelligenz dafür einsetzen, uns selbst und unsere Welt besser zu verstehen. Der Buddha ließ nie einen Zweifel daran, dass seine Schüler nicht einmal seine Lehren unbesehen glauben sollten. Er schlug ihnen vor, sie zu prüfen, wie der Goldschmied die Qualität des Goldes prüft, das er einkauft. Wenn wir unser grundlegendes Unterscheidungsvermögen und unsere Kreativität nicht einsetzen können, beraubt man uns eines der wichtigsten Merkmale unseres

Menschseins. Daher ist die politische, soziale und kulturelle Freiheit, welche die Demokratie mit sich bringt, von so großem Wert für uns.

11. Kein Regierungssystem ist vollkommen, doch die Demokratie kommt unserer menschlichen Natur zweifellos am nächsten. Und sie ist die einzig stabile Grundlage, auf der sich eine gerechte, freiheitliche, globale politische Struktur aufbauen lässt. Es liegt also in unser aller Interesse, dass jene Menschen, die das Recht auf Demokratie bereits ausüben können, sich aktiv dafür einsetzen, dass alle Menschen ihre demokratischen Rechte wahrnehmen können.

12. Obwohl der Kommunismus auf vielen edlen Idealen aufbaut, zu denen auch eine altruistische Haltung gehört, ließ ihn der Versuch der regierenden Eliten, ihre Ansichten diktatorisch durchzusetzen, zur Katastrophe werden. Die kommunistischen Regierungen überschritten in dem Bemühen, ihre Gesellschaft zu kontrollieren und ihre Bürger für das Allgemeinwohl arbeiten zu lassen, sämtliche Grenzen. Natürlich mag zu Beginn eine starre Organisation nötig sein, um die Strukturen zu überwinden, die vormals repressive Regimes hinterließen. Doch als dieses Ziel erfüllt war, trug die starre Form kaum etwas zum Aufbau einer wirklich kooperativen Gesellschaft bei. Der Kommunismus ging fehl, weil er Gewalt einsetzte, um seine Glau-

benssätze zu verbreiten. Doch am Ende wehrte sich die menschliche Natur gegen das Leid, das auf diese Weise verursacht wurde.

13. Brachiale Gewalt, wie brutal sie auch immer angewandt werden mag, kann die menschliche Sehnsucht nach Freiheit nicht unterdrücken. Dies haben schon jene Menschen bewiesen, die in Osteuropa zu Hunderttausenden auf die Straße gingen. Sie drückten damit nichts anderes aus als den zutiefst humanen Wunsch nach Freiheit und Demokratie. Ihre Forderungen zielten nicht auf die Schaffung neuer Ideologien. Sie verliehen einfach nur ihrem tiefinneren Wunsch nach Freiheit Ausdruck. Es reicht einfach nicht, wenn man – wie die kommunistischen Systeme dies taten – Menschen nur mit Nahrung, Obdach und Kleidung versorgt. Unsere Natur lässt uns nach dem kostbaren Atem der Freiheit verlangen.

14. Die friedlichen Revolutionen in der früheren Sowjetunion und in Osteuropa haben uns diesbezüglich vieles gelehrt. Zum Beispiel über den Wert der Wahrheit. Menschen mögen nicht, wenn man sie belügt, betrügt oder bedrängt, ob dies nun durch andere Menschen oder ein politisches System geschieht. Der Grund dafür ist, dass diese Art des Handelns nicht dem Wesen des menschlichen Geistes entspricht. Wer also auf Täuschung und

Gewalt setzt, mag kurzfristig beachtliche Ergebnisse erzielen, doch am Ende werden diese keinen Bestand haben.

15. Wahrheit ist der beste Garant und die einzig wirkliche Grundlage von Freiheit und Demokratie. Es ist nicht von Belang, ob Sie stark oder schwach sind und ob Ihre Sache viele oder nur wenige Anhänger hat: Die Wahrheit wird siegen. Viele erfolgreiche Freiheitsbewegungen, die in jüngerer Zeit entstanden sind, bringen die tief verwurzelten Gefühle der Menschen zum Ausdruck. Dies sollte uns daran erinnern, dass die Wahrheit in unserem politischen Leben immer noch nicht vollständig angekommen ist. Vor allem in der Handhabung internationaler Beziehungen hat die Wahrheit nur einen geringen Stellenwert. Mächtigere Nationen unterdrücken die schwächeren und manipulieren sie, ebenso wie die schwächeren Teile der Gesellschaft von den wohlhabenderen und mächtigeren manipuliert werden. In der Vergangenheit wurde das Aussprechen der Wahrheit häufig als wenig realistische Option betrachtet, in den letzten Jahren aber zeigte sich immer deutlicher, dass im menschlichen Geist eine unendliche Kraft liegt, die am Ende auch die Geschichte zu formen vermag.

16. Am Ende des 20. Jahrhunderts stellen wir fest, dass die Welt immer kleiner wird. Die Völker der Welt

sind fast schon eine Gemeinschaft. Außerdem gibt es einige globale Probleme, die uns zusammenschweißen: Überbevölkerung, schwindende natürliche Ressourcen und Umweltprobleme, welche die Existenzgrundlagen auf diesem von uns allen bewohnten Planeten bedrohen. Um mit den Herausforderungen unserer Zeit fertig zu werden, müssen wir Menschen meiner Ansicht nach einen stärkeren Sinn für universelle Verantwortung entwickeln. Jeder von uns muss lernen, nicht nur für sich, seine Familie oder sein Land zu arbeiten, sondern für das Wohl der gesamten Menschheit. Universelle Verantwortung ist der Schlüssel zum Überleben der Menschheit. Sie ist die beste Grundlage für den Weltfrieden, die gerechte Verteilung natürlicher Ressourcen und effektiven Umweltschutz.

17. Dieser regelrechte Zwang zur Zusammenarbeit kann die Menschheit nur stärker machen, denn er hilft uns zu erkennen, dass die sicherste Grundlage für die Weltordnung keine neuen politischen oder wirtschaftlichen Allianzen sind, sondern die praktische Umsetzung von Liebe und Mitgefühl durch den Einzelnen. Diese Qualitäten sind die letztendliche Quelle menschlichen Glücks. Unsere Sehnsucht danach ist der innerste Kern unseres Wesens. So ist die praktische Übung von Mitgefühl keineswegs unrealistischer Idealismus, sondern vielmehr der effektivste Weg, unsere eigenen Interessen zusam-

men mit denen der anderen zu verfolgen. Je mehr
wir – als Staatsbürger und als Menschen – von anderen abhängig sind, desto mehr liegt es in unserem ureigensten Interesse, auch deren Wohlbefinden zu sichern.

18. Trotz der enormen Fortschritte, welche die Zivilisation im 20. Jahrhundert gemacht hat, glaube ich,
dass die unmittelbare Ursache unserer gegenwärtigen Probleme in der übermäßigen Konzentration
auf den materiellen Fortschritt liegt. Unbewusst
beschäftigen wir uns so sehr damit, dass wir vergessen haben, uns um so grundlegende Bedürfnisse
wie Liebe, Freundlichkeit, Zusammenarbeit und
Fürsorge zu kümmern. Wenn wir jemanden nicht
kennen oder uns nicht mit einem bestimmten
Menschen oder einer Gruppe verbunden fühlen,
lassen wir deren Bedürfnisse einfach außer Acht.
Dabei beruht die Entwicklung der gesamten
menschlichen Gemeinschaft darauf, dass die Menschen einander helfen. Wenn wir also unser grundlegendes Menschsein einbüßen, warum sollten wir
dann noch nach materiellem Fortschritt streben?

19. In der gegenwärtigen Situation können wir nicht
davon ausgehen, dass irgendjemand schon unsere
Probleme lösen wird. Jedem Einzelnen von uns
obliegt die Verantwortung, unserer globalen Familie die richtige Richtung zu weisen, und wir haben

uns dieser Verantwortung zu stellen. Wir müssen auf das Wohl der gesamten Gesellschaft abzielen. Wenn es dieser gut geht, dann profitieren davon alle, jedes einzelne Individuum und jede Gruppe oder Organisation. Glück entwickelt sich natürlich und automatisch. Wenn die Gesellschaft aber als Ganzes zusammenbricht, an wen wenden wir uns dann, um unsere Rechte einzufordern?

20. Ich für meinen Teil glaube, dass wir als Individuen tatsächlich etwas bewirken können. Als buddhistischer Mönch bemühe ich mich, Mitgefühl zu entwickeln, nicht weil meine Religion dies erfordert, sondern weil die allgemeine Menschlichkeit dies für geboten erscheinen lässt. Um diese altruistische Haltung zu vertiefen, scheint mir folgende Übung hilfreich: Ich stelle mir vor, dass ich auf der einen Seite stehe und all die anderen Menschen auf der anderen. Dann frage ich mich: »Wessen Interessen sind wichtiger?« Für mich ist die Frage damit schon gelöst. Denn wie wichtig ich mich auch fühlen mag, ich bin nur ein einzelner Mensch, während die anderen die Mehrheit bilden.

Rede in Washington D. C., April 1993

Prominente Stimmen
zum Tibet-Konflikt

»Die chinesische Regierung muss die Stimmen der Tibeter erhören, sich ihrer Not annehmen und eine gewaltfreie Lösung finden.«
Desmond Tutu, anglikanischer Erzbischof und Friedensnobelpreisträger

»Ich zeige Flagge für Tibet, weil ich mich für kulturelle und religiöse Eigenständigkeit der Tibeter einsetze – seit 30 Jahren.«
Reinhold Messner, Extrembergsteiger

»China verfolgt in Tibet eine städtische, technokratische Politik, die chinesische Siedler bevorzugt und die Kultur und die Nöte der Tibeter […] missachtet. Diese Politik bedeutet die bislang ernsthafteste Bedrohung der einzigartigen religiösen, kulturellen und sprachlichen Identität der Tibeter.«
Richard Gere, Schauspieler

»Das Überleben des buddhistischen Erbes in dessen Heimatland ist nicht nur für das tibetische Volk ent-

scheidend, sondern für die ganze Welt. Chinas Aufbruch zur Großmacht darf nicht länger gleichbedeutend sein mit einer weiteren Zerstörung des tibetischen Erbes.«
Richard Gere, Schauspieler

»Ich würde mir wünschen, dass die Olympischen Spiele in China zu Spielen des Dialogs werden und China die Angst davor verliert. Das gilt ausdrücklich auch für den Konflikt um Tibet.«
Angela Merkel, Bundeskanzlerin der Bundesrepublik Deutschland

Dalai Lama

108 Perlen der Weisheit

Auf dem Weg zur Erleuchtung

Diederichs Gelbe Reihe
Gebunden mit Schutzumschlag, 192 Seiten
ISBN 978-3-7205-3022-4

Die Worte des Dalai Lama sind sinngebend und voll
lebendiger Weisheit. Seine hier versammelten 108 Meditationen
symbolisieren die Perlen der buddhistischen Gebetskette, der Mala.
Die poetischen Mantras geben Einblick in die Gedankenwelt des
Buddhismus und in die Lehre des Oberhauptes der Tibeter.

»Liebe und Mitgefühl vertreiben jede Lebensangst,
denn sobald wir diese beiden Qualitäten des Geistes entwickeln,
wächst unser Selbstvertrauen und die Angst schwindet.
Unser Geist erschafft die Welt, in der wir leben.«

Diederichs